D1691382

Bericht über die Fachtagung

Frühromantischer Orgelbau in Niedersachsen

Hildesheim, 16.–18.9.1976

herausgegeben von
Uwe Pape

PAPE VERLAG · BERLIN
1977

Sechzigste Veröffentlichung der Gesellschaft der Orgelfreunde

ISBN 3-921140-15-3

© Pape Verlag, Berlin, 1977
Alle Rechte vorbehalten. Printed in Germany

Inhalt

Tagungsverlauf	1
Tagungsteilnehmer	4
1. Fahrt (Deinsen, Altenhagen)	5
2. Fahrt (Dassel, Moringen, Herzberg)	12
3. Fahrt (Gronau, Mehle, Marienburg)	18

Uwe Pape
Der frühromantische Orgelbau im heutigen Niedersachsen unter besonderer Berücksichtigung Philipp Furtwänglers … 23

Christian Eickhoff
Die Furtwängler-Orgeln in Deinsen und Marienhagen … 37

Helmut Winter
Zur Restaurierung frühromantischer Orgeln unter besonderer Berücksichtigung der Furtwängler-Orgeln in Altenhagen und Geversdorf … 41

Diskussion … 58

Uwe Pape
Dispositionsprinzipien Philipp Furtwänglers mit Vergleich zu Prinzipien anderer Orgelbauer im hannoverschen Raum … 61

Martin Haspelmath
Die Orgel in Dassel und die Restaurierung des alten Bestandes … 73

Martin Haspelmath
Zur Restaurierung der Orgel in Moringen … 79

Rudolf Janke
Die Orgel in der Nikolaikirche in Herzberg … 87

Uwe Pape
Prospektgestaltung Furtwänglerscher Orgeln … 95

Martin Haspelmath
Einige Bemerkungen zur Orgel in Gronau … 105

Ludwig Hoffmann
Die Orgel in Mehle … 109

Christian Eickhoff
Die Orgel der Marienburg … 113

Dokumentenausstellung
(Übersicht mit einigen Beispielen) 115

Bildnachweis 130

Personenverzeichnis 131

Ortsverzeichnis 133

Vorwort

Mit dem Thema „Frühromantischer Orgelbau in Niedersachsen unter besonderer Berücksichtigung der Orgeln Philipp Furtwänglers" veranstaltete die Gesellschaft der Orgelfreunde (GdO) unter der Leitung von Prof. Dr. Uwe Pape im Herbst 1976 eine dreitägige Fachtagung in Hildesheim mit ca. 40 Teilnehmern, hauptsächlich Organologen und Orgelbauer. Da diese Tagung so wesentlich für die Kenntnis und Beurteilung dieser Periode der Orgelbaugeschichte war, wird ihr Verlauf mit allen besichtigten Orgeln sowie den damals gehaltenen Vorträgen und einigen Aussprachen als 60. Veröffentlichung der GdO nun im Druck vorgelegt, um alle dort gewonnenen Erkenntnisse einem weiten Leserkreis zugänglich zu machen.

Die Notwendigkeit für eine genauere Beschäftigung gerade mit dem frühromantischen Orgelbau ergibt sich daraus, daß bis vor einigen Jahren die Geschichte des Orgelbaus mit dem Ende des 18. Jahrhunderts aufzuhören schien, eine Folge der historisierenden Phase der „Orgelbewegung". Denn diese hatte ihre durchaus fruchtbaren Impulse weitgehend von den früh- und hochbarocken Orgeln vorwiegend des norddeutschen Raumes bezogen und stellte deren Klangwelt und Technologie als Maßstab für einen besonders hochwertigen Orgelbau heraus. Doch führte das zu einer verengten Blickrichtung auf einen ganz bestimmten Orgeltyp hin, wodurch der nachfolgende romantische Orgelbau aus der Orgelbaugeschichte geradezu „ausgeklammert" wurde.

Wie der Orgelbau des vorigen Jahrhunderts sich erst ganz allmählich von den barocken Bau- und Klangprinzipien löste, war bei den Orgeln auf dieser Tagung deutlich zu beobachten: In der Technik noch weitgehend den barocken Bauprinzipien verhaftet, wird ihr Klang nun weicher und grundbetonter, später übergehend auf fein abgestufte Charakterstimmen. Das nun veränderte Klangbild führte jedoch keineswegs zu einem Niedergang der Orgelbaukunst, wie es vielen lange Zeit so erschien, sondern nur zu einer Abkehr von bestimmten – in den letzten Jahren nachgerade zu einer „Norm" erhobenen barocken Orgelbauprinzipien. Qualitativ und künstlerisch hochstehende Orgeln wurden jedoch immer noch gebaut, wie auf dieser Tagung – und auch schon auf anderen GdO-Tagungen – sichtbar wurde. Dieses ohne ideologische Scheuklappen zu erkennen, war ein Sinn dieser Tagung.

Als Folge der früheren einseitigen Betrachtung der Orgelbaugeschichte mit ihrem Unverständnis für die romantische Stilperiode ergibt sich der bedauerliche Tatbestand, daß die meisten Orgeln dieser Zeit nicht mehr vorhanden sind bzw. „neobarock" umgebaut wurden. Damit hatte unsere Zeit genau denselben Fehler gemacht, wie wir ihn früheren Generationen vorwerfen, als diese „Raubbau" an den Barockorgeln betrieben, d.h. sie in romantischem Sinne umbauten oder völlig durch Neubauten ersetzten. Doch auch die romantischen Orgeln sind klingende Denkmäler einer vergangenen Epoche, die wir genauso achten und bewahren müssen, wie die aus der Barockzeit. Dies zu erkennen und Einhalt dem weiteren Abbruch oder Umbau romantischer Orgeln zu gebieten, war ebenfalls ein Sinn dieser Tagung, auf der dazu noch technische Fragen einer sachgemäßen Restaurierung dieser Instrumente zur Sprache kamen und diskutiert wurden.

Allmählich setzt es sich allgemein durch, den romantischen Orgelbau nicht nur nüchtern aus orgelgeschichtlicher Sicht heraus anzuerkennen, sondern wir bekommen sogar für diesen Klang wieder ein echtes Empfinden. Nicht im Rahmen der sog. Nostalgiewelle, sondern aus einem wahren Verständnis für eine durchaus gleichwertige musikalische Stilperiode und die ihr adäquaten Orgelinstrumente heraus. Daß ein Teil dieser Orgeln nun einem größeren Expertenkreis vorgestellt und darüber sachlich diskutiert werden konnte, verdanken wir dem Tagungsleiter Uwe Pape, der mit viel persönlichem Einsatz diese Tagung technisch und thematisch vorbereitet und durchgeführt hat sowie die Herausgabe dieses Berichtes besorgte.

Dr. Wolfgang Adelung
Präsident der Gesellschaft der Orgelfreunde
Singen 1977

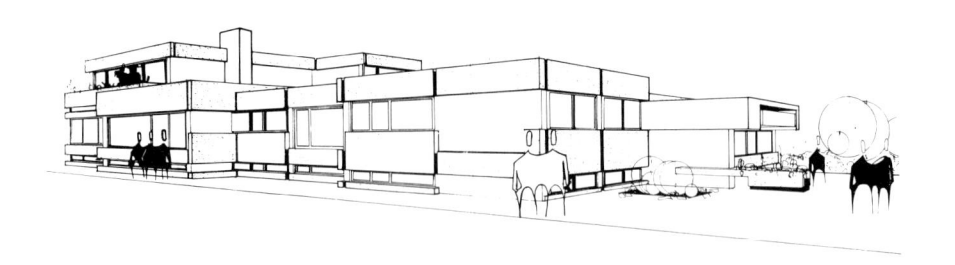

Fachtagung über frühromantischen Orgelbau in Niedersachsen unter besonderer Berücksichtigung der Orgeln Philipp Furtwänglers

Zeit:	16.9. bis 18.9.1976
Tagungsort:	Gemeindezentrum Krähenberg der ev. St.-Andreas-Kirchengemeinde Hildesheim
Vorträge:	Christian Eickhoff, Arnum;
	Martin Haspelmath, Walsrode;
	Ludwig Hoffmann, Betheln;
	Rudolf Janke, Bovenden;
	Uwe Pape, Berlin;
	Helmut Winter, Hannover/Hamburg
Vorführungen und Konzerte:	Reinhold Brunnert, Hildesheim;
	Arwed Henking, Hann. Münden
	Gerlinde Fricke, Hildesheim,
Dokumentenausstellung:	Hildesheim, Gemeindezentrum St. Andreas.

Mittwoch, 15.9.1977

ab 20.00 Uhr — Geselliges Beisammensein im Ratskeller (Am Markt).

Donnerstag, 16.9.1977

10.00 Uhr	Begrüßung durch Dr. Adelung, Verteilung von Tagungsunterlagen
10.15–11.30 Uhr	**Vortrag** (Pape) „Der frühromantische Orgelbau im heutigen Niedersachsen unter besonderer Berücksichtigung Philipp Furtwänglers" (mit Lichtbildern)
ab 12.00 Uhr	Mittagspause
ab 13.30 Uhr	**1. Orgelfahrt** (Hildesheim – Elze – Deinsen – Altenhagen – Hildesheim)
14.00 Uhr	**Deinsen** (Ph. Furtwängler, 1848, 9/I+P, 1950 von Niemeyer geringfügig verändert)
14.15–14.35 Uhr	**Vortrag** (Eickhoff) „Die Furtwängler-Orgeln in Deinsen und Marienhagen"
14.40–14.50 Uhr	**Vorführung** (Henking)
15.30 Uhr	**Altenhagen** (Ph. Furtwängler, 1844, 20/II+P, Principal 8' neu, sonst original, 1969/70 restauriert von Albrecht Frerichs, Göttingen).
15.45–16.30 Uhr	**Vortrag** (Winter) „Zur Restaurierung frühromantischer Orgeln unter besonderer Berücksichtigung der Orgeln Furtwänglers in Altenhagen und Geversdorf"

16.30–16.45 Uhr	**Vorführung** (Henking)
17.15–17.45 Uhr	**Konzert** (Henking)
18.30 Uhr	Ankunft in Hildesheim
20.00 Uhr (ad libitum)	Konzert an der von-Beckerath-Orgel in Hildesheim, St. Andreas (Brunnert: J.S. Bach – Orgelmesse).

Freitag, 17.9.1977

8.30–9.30 Uhr	**Vortrag** (Pape) „Dispositionsprinzipien Philipp Furtwänglers mit Vergleich zu Prinzipien anderer Orgelbauer im hannoverschen Raum" (mit Lichtbildern).
ab 9.45 Uhr	2. **Orgelfahrt** (Hildesheim – Dassel – Moringen – Herzberg – Hildesheim)
11.00 Uhr	**Dassel** (Ph. Furtwängler, 1845, 24/II+P, 1949 durch Paul Ott, Göttingen, stark verändert, Restaurierung des erhaltenen Bestandes 1975 durch Martin Haspelmath, Walsrode).
11.15–11.30 Uhr	**Vortrag** (Haspelmath) „Die Orgel in Dassel und die Restaurierung des alten Bestandes"
11.30–11.45 Uhr	**Vorführung** (Brunnert)
ab 12.30 Uhr	Mittagpause
ab 14.00 Uhr	Weiterfahrt nach **Moringen** (Carl Giesecke, 1850, 23/II+P, 1950 barockisiert, Restaurierung des erhaltenen Bestandes 1976 durch Martin Haspelmath).
14.30–14.45 Uhr	**Vortrag** (Haspelmath) „Zur Restaurierung der Orgel in Moringen"
15.00–15.15 Uhr	**Vorführung** (Brunnert)
15.30 Uhr	Weiterfahrt nach
16.15 Uhr	**Herzberg** (J.A. Engelhardt, 1845, 34/II + P, 1974/75 (restauriert von Rudolf Janke, Bovenden).
16.30–17.00 Uhr	**Vortrag** (Janke) „Die Orgel in der Nikolaikirche in Herzberg"
17.00–17.15 Uhr	**Vorführung** (Brunnert)
18.00–18.30 Uhr	**Konzert** (Brunnert)
19.30 Uhr	Ankunft in Hildesheim
ab 20.00 Uhr	geselliges Beisammensein im Gemeindezentrum Krähenberg.

Sonnabend, 18.9.1977

9.00–10.00 Uhr	**Vortrag** (Pape) „Prospektgestaltung Furtwänglerscher Orgeln" (mit Lichtbildern)

ab 10.15 Uhr	**3. Orgelfahrt** (Hildesheim – Elze – Gronau – Mehle – Marienburg – Hildesheim)
10.45 Uhr	**Gronau** (Ph. Furtwängler, 1859/60, 57/III + P, weitgehend original erhalten, noch nicht restauriert)
	Vortrag (Haspelmath) „Einige Bemerkungen zur Orgel in Gronau"
11.00 11.30 Uhr	**Vorführung** (Henking)
ab 12.30 Uhr	Mittagspause
14.00 Uhr	**Mehle** (C. Euler, 1829, 11/I + P, zum großen Teil original erhalten, restauriert durch Ludwig Hoffmann, Betheln).
14.15–14.30 Uhr	*Vortrag* (Hoffmann) „Die Orgel in Mehle"
14.30–14.45 Uhr	**Vorführung** (Fricke)
15.30 Uhr	Schloß **Marienburg** (Ph. Furtwängler und Söhne, 1868, 8/II+P, 1974 renoviert von Emil Hammer, Arnum).
15.45–16.00 Uhr	*Vortrag* (Eickhoff) „Die Orgel der Marienburg"
16.00–16.16 Uhr	**Vorführung** (Henking)
16.30–17.00 Uhr	Schloßbesichtigung
17.30 Uhr	Ankunft in Hildesheim, Schluß der Tagung.

Tagungsteilnehmer

Dr. Wolfgang Adelung, Schaffhauser Straße 22, 77 Singen;
A.M.De Boom, Hertenlaan 24, NL Den Dolder;
Reinhold Brunnert, Zingel 37, 32 Hildesheim;
Dr. Hermann J. Busch, Zur Alten Mühle 7, 5931 Netphen-Afholderbach;
Pastor Wilhelm Drömann, Kardinal-Bertram-Str. 20, 32 Hildesheim;
Christian Eickhoff, Hoher Holzweg, 3001 Arnum;
Conrad Engelke, Rathausplatz 8, 3413 Moringen;
Paula Engelke, Rathausplatz 8, 3413 Moringen;
OBM Albrecht Frerichs, Schlesierring 34, 34 Göttingen;
OBM Beat Grenacher, Tribschenstraße 30, CH-6000 Luzern
Joh. C. Grothe, Bahnhofstraße 9, 2111 Egestorf;
Frau Grothe, Bahnhofstraße 9, 2111 Egestorf;
OBM Martin Haspelmath, Saarstraße 10, 303 Walsrode;
KMD Arwed Henking, Lug ins Land 17, 351 Hann. Münden;
OBM Ludwig Hoffmann, 3211 Betheln;
Kantor Eberhard Jäger, Tulpenstraße 1 A, 3257 Springe;
OBM Rudolf Janke, Göttinger Straße 42, 3406 Bovenden;
Frau Janke, Göttinger Straße 42, 3406 Bovenden;
Dr. Laurent Jospin, 32 Rue de la Serre, CH 2300 La Chaux de Fonds;
OBM Dieter Kollibay, Katharinenstraße 32 G, 32 Hildesheim;
OBM G. Christian Lobback, Rudolf-Höckner-Straße 6, 2 Wedel bei Ham
Martin Lochstampfer, Tribschenstraße 30, CH 6000 Luzern;
Kurt Lueders, USA, z. Z., F 75017 Paris;
Prof. Dr. Uwe Pape, Prinz-Handjery-Straße 26 A, 1 Berlin 37;
OBM Hinrich Otto Paschen, Redderkoppel 6, 23 Kiel 17;
OBM Rietzsch, 3001 Arnum;
OBM Richard Rensch, Bahnhofstraße 100, 7128 Lauffen;
Karl Schrader, Ortelsburger Straße 24, 32 Hildesheim;
OBM Jakob Schmidt, Tribschenstraße 30, CH-6000 Luzern
Gisela Schongar, Bahnhofstraße 54, 321 Elze;
Prof. Dr. Karl Schütz, Laimgrubengasse 19/9, A 1060 Wien;
Johanna Seehafer, Landstraße 9, 3394 Langelsheim;
Kantor Günter Seggermann, Sachsenring 23, 3388 Bad Harzburg;
Dr. Gert Völkl, Jesuitengasse 21, 89 Augsburg;
Hans-Hermann Wickel, Lessingstraße 8, 3012 Langenhagen 7;
Helmut Winter, Rote Reihe 6, 3 Hannover;
Thomas Wittchen, Zuckerraffinerie 210, 3331 Frellstedt;
Klaus Zeuner, Postfach 1133, 8662 Helmbrechts.

1. Fahrt (16.9.) nach Deinsen und Altenhagen

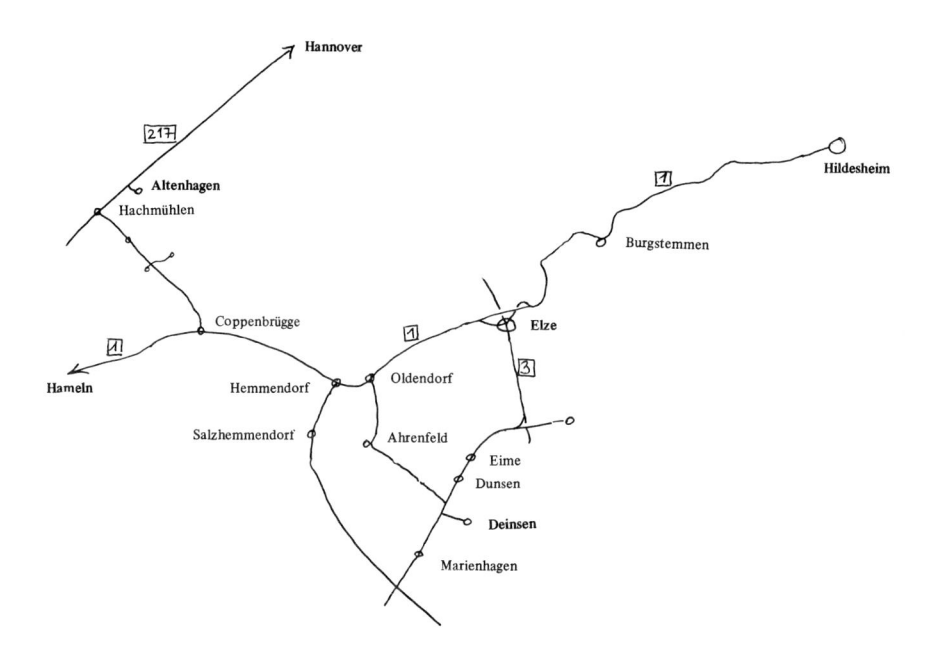

Deinsen

Ev.-luth. Kirche
Orgel 1848 von *Philipp Furtwängler* erbaut
Drei Rundbogenfelder, Giebeldreieck.

Manualwerk

Principal	8′	ab F im Prospekt (Zink, 1950)
Gedact	8′	
Gambe	8′	
Octav	4′	
Gedactflöte	4′	
Quinte	2 2/3′	1950, statt Spitzflöte 8′
Octav	2′	
Mixtur 3fach		(Stimmringe auf Gambe 8′, Octav 4′ und Octav 2′ sind nicht original)

Pedalwerk

Subbaß	16′
Octavbaß	8′
Pedalkoppel	

Aufstellung der Pfeifen (von hinten)

```
C E   e³d³c³ ...Gs  Fs   F G A...cs³ds³f³   Ds   D    Manual
C E           c¹... Fs   F G...h⁰            Ds   D  Cs  Pedal
```

durchschobene Laden, angehängte Traktur

Die Ventile für beide Werke befinden sich auf der Vorderseite der Lade. Die Pedalregister stehen hinter der Mixtur. Durch Aufstellen der vier tiefsten Pfeifen der Manualregister und der fünf tiefsten Pfeifen der Pedalregister an den Enden der Laden, ergab sich eine einfache räumliche Verteilung der Pedalpfeifen auf der Lade, ohne daß diese bei der Stimmung hinderlich sind.
Die Pedalkoppel ist als bewegliches Wellenbrett gebaut; je ein Arm der Wellen greift bei gezogener Koppel unter ein Klötzchen an den Abstrakten des Pedalwerks

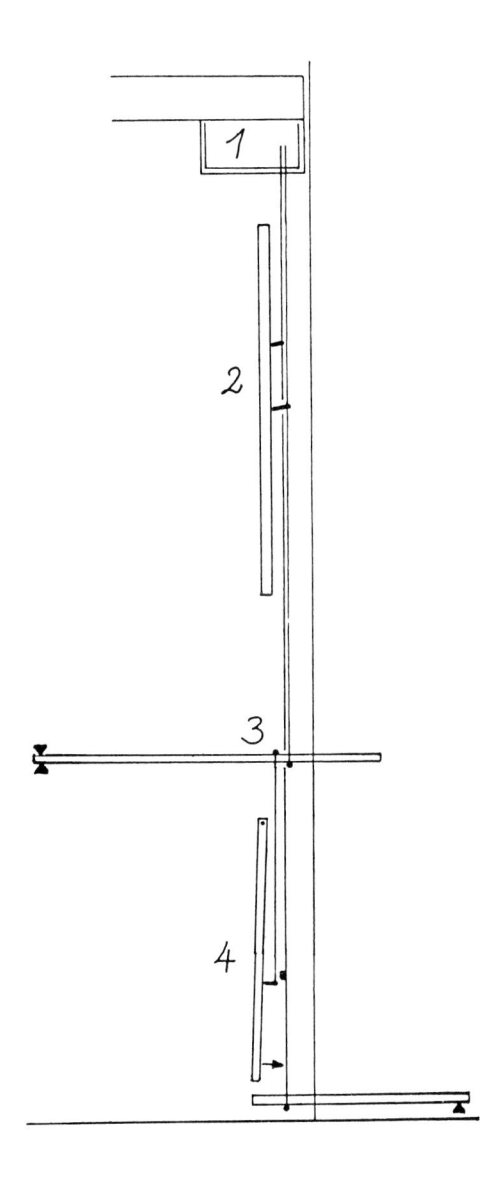

1. Windkasten mit Manual- und Pedaltraktur (Kanzellen abwechselnd nebeneinander).
2. Wellenbrett für Manualtraktur
3. einarmiger Hebel mit Angriffspunkten der Pedalkoppel und Manualtraktur; die Abstrakten der Pedaltraktur sind unterbrochen — Drähte sind zwischen den Hebeln des Manuals hindurchgeführt.
4. Wellenbrett der Pedalkoppel.

Orgelvorführung in Deinsen (Henking)

Johann Pachelbel: Aria Sebaldina

Aria	Gedact 8′
Variatio 1	Gedact 8′, Gedactflöte 4′
Variatio 2	Gedact 8′, Octav 4′
Variatio 3	Gedact 8′, Octav 2′
Variatio 4	Gambe 8′
Variatio 5	Gedactflöte 4′
Variatio 6	Gambe 8′, Gedactflöte 4′
Variatio 7	Gambe 8′, Gedactflöte 4′, Octav 2′
Variatio 8	Gedact 8′, Gambe 8′, Gedactflöte 4′, Octav 2′

Pedal	Subbaß 16′
	Octavbaß 8′
	Subbaß 16′ + Octavbaß 8′

Georg Muffat: Toccata septima (1. Hälfte)

1. Abschnitt	Volles Werk (ohne Gambe 8′, Gedactflöte 4′), mit Pedal
2. Abschnitt	Gedact 8′, Ocatav 4′, Octav 2′
3. Abschnitt	Gedact 8′, Gedactflöte 4′, Octave 2′, Schluß Pedal
4. Abschnitt	Volles Werk (ohne Principal 8′, Quinte 2 2/3′), mit Pedal

Altenhagen

Ev.-luth. Kirche
Orgel 1844 von *Philipp Furtwängler* erbaut

Vorgezogener flacher Mittelturm; flache Seitentürme; zwei Zwischenfelder, die mit den Seitentürmen abschließen.

Hauptwerk		Positiv		Pedalwerk	
Bordun	16′	Gedact	8′	Subbaß	16′
Principal	8′	Gambe	8′	Bordun	8′
Rohrflöte	8′	Gemshorn	4′	Octav	4′
Octav	4′	Gedactflöte	4′	Posaunenbaß	16′
Spitzflöte	4′	Flageolet	2′		
Quinte	3′				
Octav	2′				
Tertia	1 3/5′				
Mixtur 3–4fach					
Trompete	8′	Manualkoppel			

Durchschobene Laden für die beiden Manuale, Glockenspiel.

Mixtur:
C_0			1 1/3′	1′	2/3′
c_1		2′	1 1/3′	1′	2/3′
c	4′ 2 2/3′	2′	1 1/3′		

Die Ventile für das Hauptwerk befinden sich auf der Rückseite der Lade, die für das Positiv auf der Vorderseite hinter dem Gehäuse. Die Traktur für das Hauptwerk läuft über einen zweiarmigen Hebel mit Wippe und ein Wellenbrett, die für das Positiv ist angehängt und läuft ebenfalls über ein Wellenbrett.

Aufstellung der Pfeifen (von hinten)

c′ gs e c B̲ d fs b d′ e^3 d^3 .. fs′ e′ Gs Fs E D C̲ Ds F G ds' f' .. ds^3 f^3 cs' a f cs A̲ H ds g h

Hinter den Manualladen befindet sich ein Stimmgang. Dahinter ist das Pedalwerk aufgebaut, dessen Pfeifen in Ganztonschritten von innen nach außen positioniert sind. Die Traktur des Pedalwerks läuft über zwei Winkelbalken und ein Wellenbrett. Eine Pedalkoppel fehlt.
Alle Teile der Traktur sind ohne Filz oder dergleichen gelagert. Wellen aus Eisen in Krampen gelagert. Winkel ebenfalls aus Eisen.
Die Windversorgung ist original; drei Keilbälge sind noch erhalten.

Orgelvorführung Altenhagen

Johann Pachelbel: Ciacona in f-moll

	Hauptwerk	Positiv	Pedal
Thema	Principal 8'	Gambe 8'	S 16', O 8'
1	Rohrflöte 8'	Gedact 8'	bleibt
2	+ Spitzflöte 4'	+ Gedactflöte 4'	bleibt
3	+ Octav. 2'	+ Flageolet 2'	– – –
4	Rohrflöte 8', Spitzflöte 4', Quinte 3'	Gedact 8', Gedactflöte 4'	wie Anfang
5	+ Tertia 1 3/5'	bleibt	bleibt
6	+ Octav 2'	+ Gedact 2'	bleibt
7	– – –	bleibt Gedact 8' 4' 2'	– – –
8		Gedact 8' und 2'	– – –
9	– – –	Gambe 8', Gemshorn 4', Flagolet 2'	S 16', 8', 4'
10	– – –	+ Gedact 2'	bleibt
11	– – –	bleibt	bleibt
12	Bordun 16' (eine Octav höher gespielt)	– – –	– – –
13	Rohrflöte 8', Quinte 3'	– – –	Octavbaß 8'
14	– – –	Gedactflöte 4'	– – –
15	Spitzflöte 4	– – –	Octavbaß 8'
16	– – –	Gedact 8' und 2'	– – –
17	Pleno mit 16'	– – –	– – –
18	bleibt	– – –	alles
19	– – –	alles	– – –
20	Rohrflöte 8', Spitzflöte 4', Octav 2'	Gedact 8', Gedactflöte 4', Flageolet 2'	– – –
21	Rohrflöte 8', Octav 2'	Gedact 8', Flageolet 2'	– – –
22	Rohrflöte 8'	Gedact 8'	Subbaß 16'

Orgelkonzert in Altenhagen (Henking)

Georg Muffat (1653–1704)
    Toccata septima aus „Apparatus musico-organisticus"
Conrad Michael Schneider (1673–1752)
    Chaconne in G-dur (im 5/4-Takt)
Justin Heinrich Knecht (1752–1817)
    Capriccio in a-moll
Felix Mendelssohn-Bartholdy (1808–1847)
    6. Sonate in d-moll, op. 65 Nr. 6
    Choral „Vater unser im Himmelreich" – Andante sostenuto –
    Allegro molto – Fuge – Finale Andante

Registrierungen J. H. Knecht:

Adagioteile	Hauptwerk	Rohrflöte 8', Quinte 3', Tertia 1 3/5'
	Positiv	Gambe 8'
	Pedal	Subbaß 16', Octavbaß 8'
Allegroteile	Hauptwerk	Rohrflöte 8', Octave 4', Octave 2'
	Positiv	Gedact 8' 4' 2'

Registrierungen Mendelssohn:

Choral	Positiv	Gambe 8', Gemshorn 4'
	Pedal	Subbaß 16', Bordun 8'
1. Var.	Hauptwerk	Rohrflöte 8'
	Positiv	Gedact 8', Gambe 8' (c.f.)
	Pedal	Octavbaß 8'
2. Var.	Hauptwerk	Rohrflöte 8', Octave 4'
	Pedal	Subbaß 16', Bordun 8', Octav 4'
3. Var.	Hauptwerk	Principal 8' (c.f.)
	Positiv	Gedact 8', Gedactflöte 4'
	Pedal	Subbaß 16', Bordun 8'
4. Var.	Hauptwerk	Principal 8', Octave 4', Quinte 3', Octave 2'
	Pedal	alles
5. Var.	Hauptwerk	+ Mixtur
„Coda"	Hauptwerk	+ Bordun 16', Trompete 8'
Fuge	Hauptwerk	Principal 8', Rohrflöte 8', Octav 4', Quinte 3', Octav 2'
	Pedal	Subbaß 16', Bordun 8', Octav 4'
Finale	Positiv	Gedact 8', Gambe 8', Gedactflöte 4'
	Pedal	Subbaß 16', Bordun 8'

2. Fahrt (17.9.) nach Dassel, Moringen und Herzberg

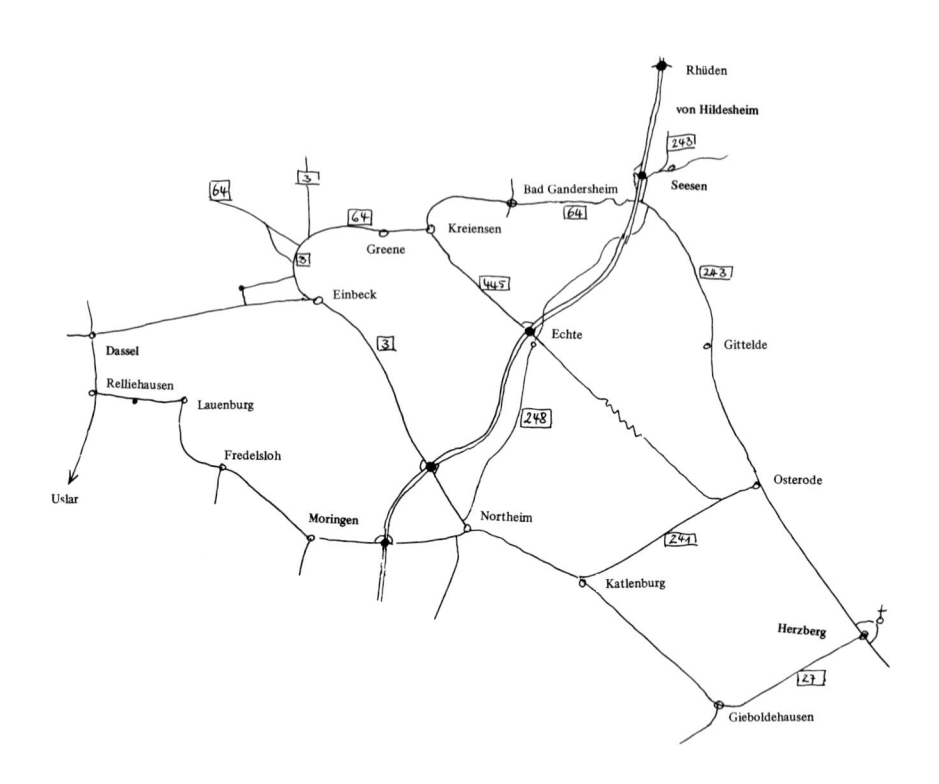

Dassel

Ev.-luth. Kirche
Orgel 1845 von *Philipp Furtwängler* erbaut

Hauptwerk (C-f^3)		Positiv (Hinterwerk)		Pedalwerk (C-c^1)	
Bordun	16′	Gedactflöte	8′	Subbaß	16′
Principal	8′	Spitzflöte	8′	Principalbaß	8′
Rohrflöte	8′	Viola di Gamba	4′	Bordun	8′
Dolce Gedact	8′	Principal	4′	Octav	4′
Octav	4′	Gemshorn	4′	Posaune	16′
Spitzflöte	4′	Gedactflöte	4′	Trompete	8′
Quinte	3′	Flageolet	2′		
Octav	2′	Scharf 3fach	1′		
Mixtur 4fach					
Trompete	8′	Manualkoppel			

1949 wurde das Werk unter Aufsicht von Kirchenrat R. Utermöhlen von Paul Ott, Göttingen, umgebaut. Das in gedrängter Lage unter dem Gewölbe stehende Hinterwerk wurde als Brustwerk unter das Hauptwerk verlegt. Die Disposition wurde verändert und der Prospekt mit Pedaltürmen und Brustwerkschrank neu gestaltet. Die Traktur wurde erneuert; die Schleifladen und große Teile des Pfeifen-Materials wurden jedoch wiederverwendet, wenn auch erheblich verändert.

Hauptwerk (C-f^3)		Brustwerk		Pedalwerk (C-f^1)	
+ Quintadena	16′	+ Gedackt	8′	+ Subbaß	16′
+ Principal	8′	+ Gedacktflöte	4′	+ Principal	8′
+ Rohrflöte	8′	Principal	2′	+ Bordun	8′
I Oktav	4′	+ Flageolet	2′	+ Octav	4′
+ Spitzflöte	4′	Quinte	1 1/3′	Waldflöte	2′
+ Nasat	2 2/3′	(aus einem Salicional)		Mixtur 4fach	
+ Octav	2′	Oktav	1′	(z.T. alte Pfeifen,	
Mixtur 4fach		Tertian 2fach		z.B. Hauptwerk-	
Zimbel 3fach		Scharff 3fach		Mixtur)	
+ Trompete	8′	Dulzian	8′	+ Posaune	16′

+ = alt oder alte Pfeifen (verändert)
Manualkoppel

1975 wurde die Orgel durch Martin Haspelmath restauriert. Dabei wurden alle klanglichen Veränderungen in sinnvoller Weise rückgängig gemacht.
Wir zeigen diese Orgel als Musterbeispiel für eine Restaurierung des historischen Bestandes einer erst vor knapp 30 Jahren veränderten Orgel.

Hauptwerk (C-f³)			Brustwerk		
Bordun	16′	alt	Liebl. Gedact	8′	alt
Principal	8′	z.T. alt	Spitzflöte	8′	z.T. alt
Rohrflöte	8′	alt	aus Nasat 2 2/3′		
Octave	4′	alt	Gedactflöte	4′	alt
Spitzflöte	4′	alt	Flageolet	2′	alt
Quinte	3′		Naßat	1 1/2′	Rohrflöte, alte
aus Quinte 1 1/2′ (= Salicional)					Pfeifen
Octave	2′	alt	Tertian 2fach		1949
Tertia	1 3/5′	alt,	Octave	1′	1949
vormals Mixtur			Scharff 3fach		1949
Mixtur 4–6fach		1949	Dulcian	8′	1949
Trompete	8′	Kehlen und Zungen neu (1949)			

Pedalwerk (C-f¹)

Subbaß	16′	alt
Principal	8′	alt
Bordun	8′	alt
Octave	4′	alt
Posaune	16′	+)
Trompete	8′	+)

+) Stiefel und Becher alt,
   Kehlen und Zungen 1949

Vorführung der Furtwängler-Orgel in Dassel (Brunnert)

A) Prinzipale:
1) HW Pr. 8′
2) HW O.4′
3) beide zus.
4) Ped Pr. 8′
5) Ped. Pr. 8′ + O.4′
6) HW Pr. 8′ + O.4′ + O.2′
7) HW wie 6) + Qu.3′
8) wie 7) + T. 1 3/5′
9) wie 8) + Mi
10) wie 9) + Tr.8′
11) Pos Ll.G.8′ + Q.1′
12) Pos 8′ + Scharf

B) Zungen:
1) HW Tr.8′
2) Pos Dulz.8′
3) Ped. Pos. 16′
4) Ped. Tr. 8′
5) Beide Ped-Zg.

C) Gedackte und Flöten:
1) HW B.16′
2) HW Rfl.8′
3) Ps Spfl.8′
4) HW Spfl.4′
5) Pos. Gfl.4′
6) HW Fl.8′ + 4′
7) Pos. Fl. 8′ + 4′
8) Ll.G.8′ −− Spfl. 8′ Pos
9) Pos 8′ + 2′
10) Pos Fl.8′ + 4′ + 2′ + 1′

D) Aliquoten:
1) HW „Kornett" = Fl.8′ + 4′ + 3′ + 1 3/5′
2) Pos Fl.8′ + 4′ + Naß. 1 1/2′
4) Qos. Fl. 8′ + 4′ + Tert. 2f.

E) Zusammenstellungen:
1) Pleno Ped ohne Bordun 8′
2) Pleno Pos
3) Pleno HW ohne Fl. 4′
4) Gegenüberstellung der Pleni (Dandrieu „Dialogue")

Moringen
Ev.-luth. Kirche
Orgel 1850 von *Carl Giesecke* erbaut

Vorführung der Giesecke-Orgeln in Moringen

Improvisationen (Brunnert)

Herzberg

Ev.-luth. Kirche
Orgel 1845 von *J.A. Engelhardt* erbaut

Hauptwerk (C-f³)

Principal	16′	Prospekt
(teilweise Zink, nach 1917)		
Octave	8′	
Gemshorn	8′	
Hohlflöte	8′	
Viola die Gamba	8′	
Doppel Gedackt	8′	
Octave	4′	
Fugara	4′	
Gemshorn	4′	
Quintflöte	3′	
Octave	2′	
Sifflöte	1 3/5′	
Mixtur 4fach	2′	neu
Trompete	8′	neu

Oberwerk (C-f³)

Quintatön	16′	
Principal	8′	
Doppelflöte	8′	
Salicional	8′	
Flöte travers	8′	überblasend
Octave	4′	
Rohrflöte	4′	
Fernflöte	4′	überblasend
Octave	2′	
Cornet 4fach		
Trompete	8′	neu
(Schleife war bis 1961 unbesetzt)		

Pedalwerk (C-c¹, cs¹-f¹ neu)

Principal	16′	Vorderlade, Prospekte (teilweise Zink, nach 1917)
Violon	16′	
Subbaß	16′	
Octave	8′	Vorderlade
Violon	8′	
Bordun	8′	
Octave	4′	Vorderlade
Posaune	16′	Vorderlade
Trompete	8′	Vorderlade

Manual-Schiebekoppel, Pedalkoppel HW-PW, vier Sperrventile
1974/75 von Rudolf Janke, Bovenden, restauriert

Vorführung der Engelhard-Orgel in Herzberg (Brunnert)

A) Prinzipale:
1) HW Pr. 16′   2) HW Pr. 8′   3) HW beide zus.
4) HW + OW Pr. 8′ nacheinander   5) HW alle Pr.   6) OW alle Pr.

B) Zungen:
1) Ped. 16′ + 8′   2) HW Tr. 8′   3) OW Tr. 8′
4) Gegenüber 2 Tr.

C) Gedackte, Flöten, Streicher
1) HW Gegenüber G. 8′ + H.8′ + V. 8′ + D. 8′
2) OW Gegenüber S. 8′ + F. 8′ + D. 8′ + Q. 16′
3) HW Viola 8′ + Fug. 4′
4) HW Gemsh. 8′ + 4′
5) OW Dfl. 8′ + Rohrfl. 4′
6) OW Sal. 8′ + Fernfl. 4′

D) Aliquoten:
1) HW Hfl. 8′ + Gemsh. 4′ + Q. 3′ + Terz + OW Cornet 4′ = Gegenüber

E) Zusammenstellungen:
1) Ped zunächst alle Reg. nacheinander einzeln, dann zus.
2) Pleno OW ohne S.8′, Fl. 8′, Flöten 4′
3) Pleno HW ohne G.8′, Viol.8′, Fug. 4′, Gemsh. 4′
4) Gegenüberstellung der Pleni (Dandrieu „Dialogue")

Konzert in Herzberg (Brunnert)

Felix Mendelssohn-Bartholdy (1808–1847)
    Präludium und Fuge d-moll op 37, 3
Johannes Brahms (1833–1897)
    Drei Choralvorspiele aus op. 122
    „Herzliebster Jesu"
    „O Welt, ich muß dich lassen"
    „Es ist ein Ros entsprungen"
Arno Landmann (1887–1966)
    Zwei Choralvorspiele
    „Dir, dir, Jehova will ich singen"
    „Ich will dich lieben meine Stärke"
Luigi Cherubini (1760–1842)
    Sonata F-Dur
Robert Schumann (1810–1856)
    Fuge über B-A-C-H op. 60, 1

2. Fahrt (18.9.) nach Gronau, Mehle und Schloß Marienburg

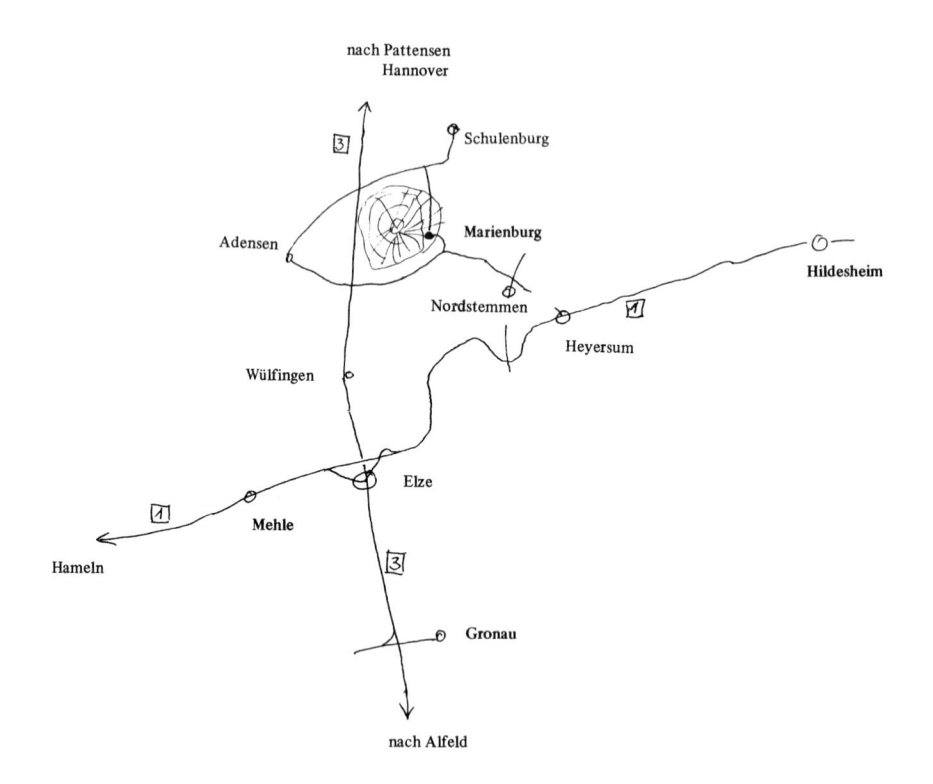

Gronau

ev.-luth. Kirche
Orgel 1859/60 von *Philipp Furtwängler* erbaut

Hauptwerk (I)

Principal	16′
Quintatön	16′
Principal	8′
Gemshorn	8′
Rohrflöte	8′
Quintatön	8′
Quinte	5 1/3′
Octav	4′
Gemshorn	4′
Rohrflöte	4′
Quinte	3′
Octav	2′
Cornett 3–5fach	1 1/3′
Mixtur 4fach	2′
Cimbel 3fach	1/2′
Trompete	16′ neu

Oberoktavkoppel HW
Oberoktavkoppel PW-HW
Manualkoppel OW-HW

Oberwerk (II)

Bordun	16′
Principal	8′
Gedact	8′
Hohlflöte	8′
Gambe	8′
Octav	4′
Gedectflöte	4′
Viola	4′
Quinte	3′
Octav	2′
Waldflöte	2′
Pickelflöte	1′
Mixtur 4fachq	2′
Scharf 3fach	2′
Spitzig 2fach	1′
Trompete	8′ neu

Unteroktavkoppel OW
Manualkoppel HiW-OW

Pedalwerk
Piano-Pedal-Lade

Bordunbaß	16′
Violonbaß	16′
Violoncello	8′

Forte-Pedal-Lade

Principalbaß	16′
Subbaß	16′
Quintbaß	10 2/3′
Octav	4′
Bombarde	32′ neu
Posaune	16′ neu

Oberoktavkoppel für das Forte-Ped.
Pedalkoppel HW-PW

Hinterwerk (III)

Viola di Gamba	16′
Geigen Principal	8′
Rohrflöte	8′
Gedectflöte	8′
Spitzflöte	8′
Flöte	8′
Dolceflöte	8′
Dolcissimo	8′
Salicional	8′
Octav	4′
Gedectflöte	4′
Salicet	4′
Spitzquinte	3′
Flautino	2′
Terz	1 3/5′
Cornettino 2–3fach	2′

Cornett 3–5fach:	$1\,1/3'\ 1'\ 4/5'$, ab $c^0 + 2'$, ab $c^1 + 4'$ (Rohrfl.)
Mixtur 4fach:	$2'\ 1\ 1/3'\ 1'\ 2/3'$ rep. auf Fs, c^0, fs^0, c^1
Cymbel 3fach:	$1/2'\ 1/3'\ 1/4'$ rep. wie Mixtur
Mixtur 4fach (OW):	$2'\ 1\ 1/3'\ 1'\ 2/3'$ rep. auf c^0, c^1
Scharf 3fach:	$2'\ 1\ 3/5'\ 1\ 1/3'$ rep. auf c^1
Spitzig 2fach:	$1'\ 4/5'$ rep. auf c^1
Cornettino 2–3fach (HiW):	$2'\ 1\ 3/5'$, ab c^0 $2\ 2/3'\ 2'\ 1\ 3/5'$
Aufstellung:	Hauptwerk: Große Oktave diatonisch, ab c^0 in Terzen Oberwerk und Hinterwerk: chromatisch Pedalwerk: C- und Cis-Seite, diatonisch

Orgelvorführung der Orgel in Gronau (Henking)

Registervorführung — Auswahl der Kombinationen: Haspelmath und Pape

Hauptwerk:	Principal 16' bis Pleno
Oberwerk:	Principal 8' bis Pleno
Hinterwerk:	Geigen Principal 8' bis Pleno
Hauptwerk:	Flöten, Streicher und Aliquote
Oberwerk:	Flöten, Streicher und Aliquote
Hinterwerk:	Flöten, Streicher und Aliquote, insbesondere die acht 8'

Piano-Pedal und Forte-Pedal

Literaturvorführung: Werke von Johannes Brahms

1) Choralvorspiel „Herzlich tut mich verlangen"
   - Oberwerk: Gambe 8', Gedact 8', Viola 4'
   - Hinterwerk: Salicional 8', Spitzflöte 8', Salicet 4'
   - Hauptwerk: Quintatön 8', Rohrflöte 8', Gemshorn 8' (im Pedal)
   - Pedal: Violoncello 8', Koppel Hauptwerk
2) Choralvorspiel: „O Welt, ich muß dich lassen"
   - Hauptwerk: Quintatön 8', Rohrflöte 8', Gemshorn 8'
   - Oberwerk: Hohlflöte 8', Gedact 8', Gamba 8'
   - Hinterwerk: Dolceflöte 8', Dolcissimo 8'
   - Pedal: Principal 16', Violoncello 8'
3) Präludium in g-moll
   Pleno-Registrierungen

Mehle

Ev.-luth. Kirche
Orgel 1829 von *C. Euler* erbaut
vermutlich um 1860 Umbau durch Ph. Furtwängler (Pedalkoppel)

Manualwerk

Octav	8′	neu, nach Erbsener Vorbild
Gedact	8′	
Fernflöte	8′	
Principal	4′	Prospekt
Hohlflöte	4′	
Quinte	3′	neu, statt Salicional 8′, ab c⁰
Octave	2′	neu, nach dem Original
Mixtur 3–4fach		neu, nach dem Original

Pedalwerk

Subbaß	16′	
Octavbaß	8′	
Posaune	16′	neu
Pedalkoppel		(nicht original)

Restauriert von Ludwig Hoffmann, Betheln

Orgelvorführung in Mehle (Gerlinde Fricke)

Johann Gottfried Walther: Partita „Jesu, meine Freude"

Partita 1	Octav 8′, Principal 4′
Partita 2	Fernflöte 8′; Wiederholung: Gedact 8′
Partita 3	Gedact 8′, Hohlflöte 4′
Partita 4	Gedact 8′, Hohlflöte 4′, Octav 2′
Partita 5	Gedact 8′, Principal 4′, Octav 2′
Partita 6	Octav 8′
Partita 7	Gedact 8′, Principal 4′, Quinte 2 2/3′
Partita 8	Hohlflöte 4′
Partita 9	Fernflöte 8′, Octav 2′
Partita 10	Volles Werk (ohne Fernflöte 8′, Hohlflöte 4′) Subbaß 16′, Octavbaß 8′, Koppel

Marienburg

Die Marienburg bei Schulenburg und Nordstemmen wurde 1858–1867 im Auftrag des Königs Georg V. von C.W. Haase für die Königin Marie von Hannover erbaut. Neugotische Schloßanlage, noch heute Sitz der Welfendynastie.

Orgel der Schloßkapelle

1868 von *Ph. Furtwängler & Söhne* erbaut

Hauptwerk		II. Manual		Pedal	
Liebl. Gedact	16'	Salicional	8'	Subbaß	16'
Principal	8'	Dolceflöte	8'	Bordun	8'
Gedecktflöte	8'				
Spitzflöte	4'	Manualkoppel		Pedalkoppel	

Schleifladen, Traktur und Pfeifenbestand original erhalten.
1974 von Emil Hammer, Hannover, renoviert.

Wir zeigen diese Orgel als Beispiel für die Kontinuität im Bau der technischen Anlagen bei Furtwängler-Orgeln.

Orgelvorführung Marienburg (Henking)

Georg Böhm: Partita über „Ach wie flüchtig, ach wie nichtig"

Partita 1	Principal 8'
Partita 2	Gedacktflöte 8'
Partita 3	Gedacktflöte 8', Spitzflöte 4'
Partita 4	Oberwerk: Salicional 8' Ped.: Subbaß 16'
Partita 5	Spitzflöte 4'
Partita 6	Lieblich Gedackt 16' (eine Oktave höher gespielt)
Partita 7	Gedacktflöte 8' Oberwerk: Dolceflöte 8' (Echo)
Partita 8	Lieblich Gedackt 16', Principal 8', Gedacktflöte 8', Spitzflöte 4' (volles Hauptwerk)

Siegmund Sixt Bachmann (1754–1825): Orgelfuge „alla zoppa"

Hauptwerk:	Gedacktflöte 8', Dolceflöte 8'
Oberwerk:	Salicional 8', Dolceflöte 8'
Pedal:	Subbaß 16', Bordun 8'

Johannes Brahms: Choralvorspiel „Herzlich tut mich erfreuen"

Oberwerk:	Salicional 8', Dolceflöte 8'
Hauptwerk:	Lieblich Gedact 16', Gedactflöte 8', Spitzflöte 4' (eine Oktave höher gespielt)
Pedal:	Subbaß 16', Bordun 8', Koppel

Der frühromantische Orgelbau im heutigen Niedersachsen unter besonderer Berücksichtigung Philipp Furtwänglers

von UWE PAPE
(unter Verwendung einiger Angaben von Helmut Winter).

Das Land Niedersachsen wurde 1946 aus der ehemaligen preußischen Provinz Hannover und den Ländern Braunschweig, Oldenburg und Schaumburg-Lippe gebildet. Diese vier Regionen sind weitgehend mit den vier evangelisch-lutherischen Landeskirchen in Hannover, Oldenburg, Braunschweig/Wolfenbüttel und Schaumburg-Lippe identisch. Die Katholiken gehören kirchlich zu den Bistümern Hildesheim, Münster, Osnabrück, Paderborn und Fulda. Außerdem besteht in Niedersachsen die evangelisch-reformierte Kirche in Nordwestdeutschland.
Da die Bevölkerung Niedersachsens stets vorwiegend der evangelischen Kirche angehörte und die katholische Kirche sich schwerpunktmäßig auf einzelne Kreise wie Cloppenburg und Hildesheim-Marienburg konzentriert, können die von den Landeskirchen abhängigen Orgelbauaktivitäten des 19. Jahrhunderts weitgehend den oben genannten vier Regionen zugeordnet werden.
Der für unsere Betrachtungen wichtige Raum ist das Kurfürstentum Kurhannover, ab 1814 Königreich Hannover, ab 1866 preußische Provinz, und da es uns vorwiegend auf Philipp Furtwängler und seine Konkurrenten ankommt, beschränken wir uns auf jene Teile Hannovers, in denen Furtwängler tätig war. In den Revolutionskriegen und zu Napoleonischer Zeit wurde Hannover, das mit England in Personalunion stand, von Gegnern Englands besetzt: 1801 und 1805 von Preußen, 1803 und 1806 von Frankreich, das den Süden dem Königreich Westfalen zuschlug, den Norden selbst in Besitz nahm. 1813 wurde Hannover befreit und 1814 auf dem Wiener Kongreß um die Regionen Osnabrück, Emsland, Ostfriesland, Hildesheim, Goslar und Untereichsfeld — heute noch Zentren katholischen und reformierten Glaubens — vergrößert. 1837 endete wegen Verschiedenheit der Thronfolgeordnung in England und in Hannover die Personalunion. 1866 erfolgte die Besetzung und Annexion Hannovers durch Preußen (vgl. Abb. 1). Fortan hat Hannover die Geschicke Preußens geteilt und an dem mächtigen Aufschwung des deutschen Kaiserreiches nach 1871 teilgenommen.
Größere Gebietsveränderungen ergaben sich erst nach dem ersten Weltkrieg durch Angliederung der Grafschaften Pyrmont und Schaumburg. Nach dem Zusammenbruch im Jahre 1945 erwachten bald die alten Selbständigkeitsbestrebungen. Sie führten im August 1946 zur Wiedereinrichtung eines Landes Hannover, das am 1.11.1946 als Hauptbestandteil in dem neuen Niedersachsen aufging.
Die starke Unabhängigkeit Hannovers, besonders von 1814 bis 1866, ist in allen wirtschaftlichen und kulturellen Bereichen erkennbar, so auch im Orgelbau. Die wohl bedeutendsten Aktivitäten sind in der weiteren Umgebung der Stadt Hannover, in Ortschaften des südlichen Niedersachsens und im Raum zwischen Hamburg und Bremerhaven erkennbar.

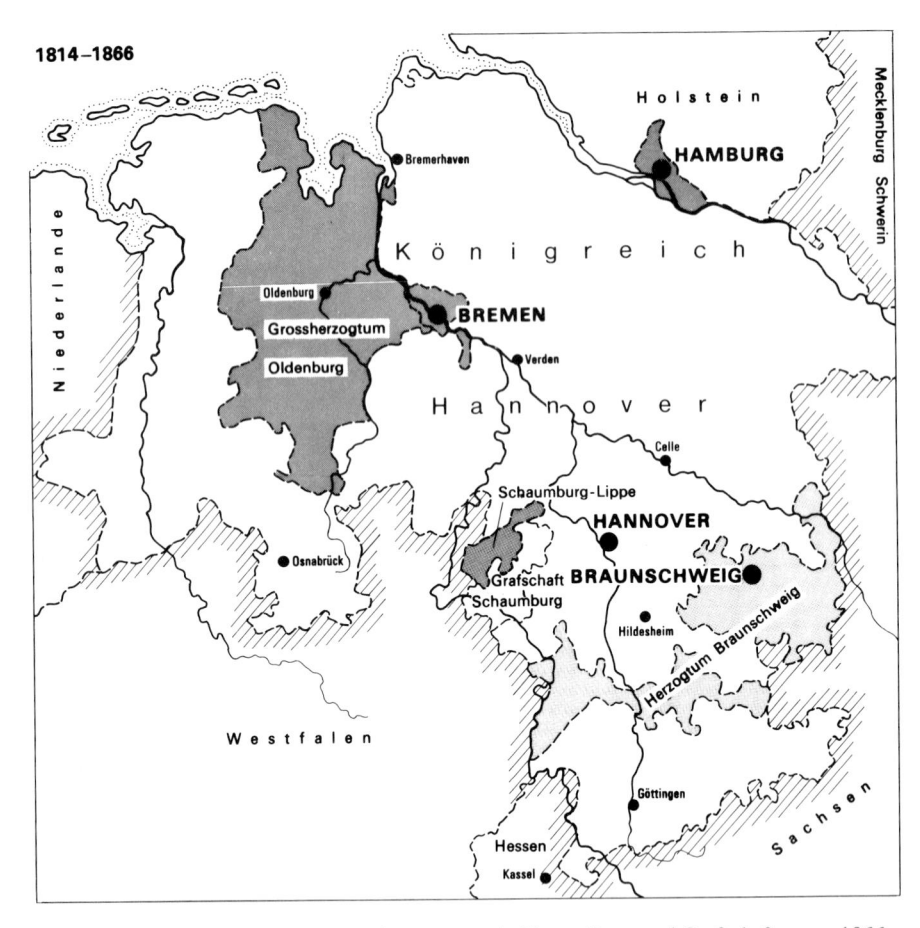

Abb. 1: Das *Königreich Hannover* sowie angrenzende Herzogtümer und Grafschaften vor 1866

In Hannover ist in direkter Nachfolge von *Christian Vater* der Orgelbauer *W.H. Baethmann* zu nennen, leider nur noch mit einem Werk in *Kirchwehren* bei Hannover vertreten. Die Restaurierung dieser Orgel soll in Kürze nach der Wiederherstellung der Kirche erfolgen. Außerdem ist noch ein sehr schönes Gehäuse in *Dannenberg* erhalten. Im übrigen haben wir kaum noch Beweise seiner Kunst; aufgrund der in damaliger Zeit sehr ungünstigen Geschäftslage war er vor allen Dingen mit Reparaturen beschäftigt gewesen. Er ist darüber hinaus erst recht spät im Alter zum Orgelbau gekommen und hat sich nicht mehr groß entfalten können.

Zeitlich und im Auftragsgebiet um Hannover folgend war es der hannoversche *Eduard W. Meyer*. Das größte und wohl berühmteste Werk ist die Orgel in der Stiftskirche in *Wunstorf*. Meyer war als Hoforgelbauer und von seinen Verbindungen her ein angesehener und viel gefragter Orgelbauer. Er hat die Orgeln der Marktkirche in *Hannover* und der Stadtkirche in *Celle* erbaut. Das größte Werk, das mit einigen unerheblichen Veränderungen noch fast rein erhalten ist, ist die Orgel der Stadtkirche *Walsrode*. Das Instrument mit mechanischen Schleifladen ist inzwischen restauriert worden. Dann gibt es noch eine große Zahl kleinerer Instrumente (vgl. Abb. 2).

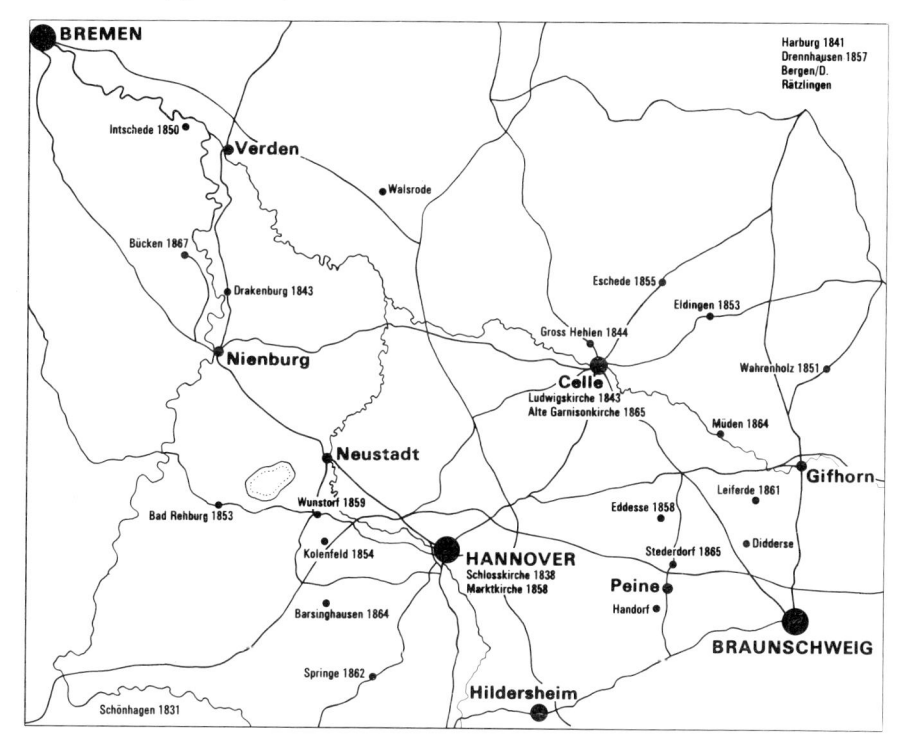

Abb. 2: Das Wirkungsfeld des hannoverschen Orgelbauers *Eduard W. Meyer*

Meyer war im Raum um Hannover der schärfste Konkurrent *Philipp Furtwänglers*. Meyer war schon zu Beginn des 19. Jahrhunderts in Hannover ansässig, wohingegen Philipp Furtwängler erst später zugewandert war und erhebliche Schwierigkeiten zu bestehen hatte. (Zu Furtwängler vgl. Abb. 3,4 und 8).

Philipp Furtwängler kam aus Gütenbach (Baden), wo er am 6.4.1800 geboren wurde und eine Ausbildung als Uhrmacher erhielt. Seine Kenntnisse im Orgelbau hat er sich vermutlich selbst, vorwiegend durch das Studium der Bücher Töp-

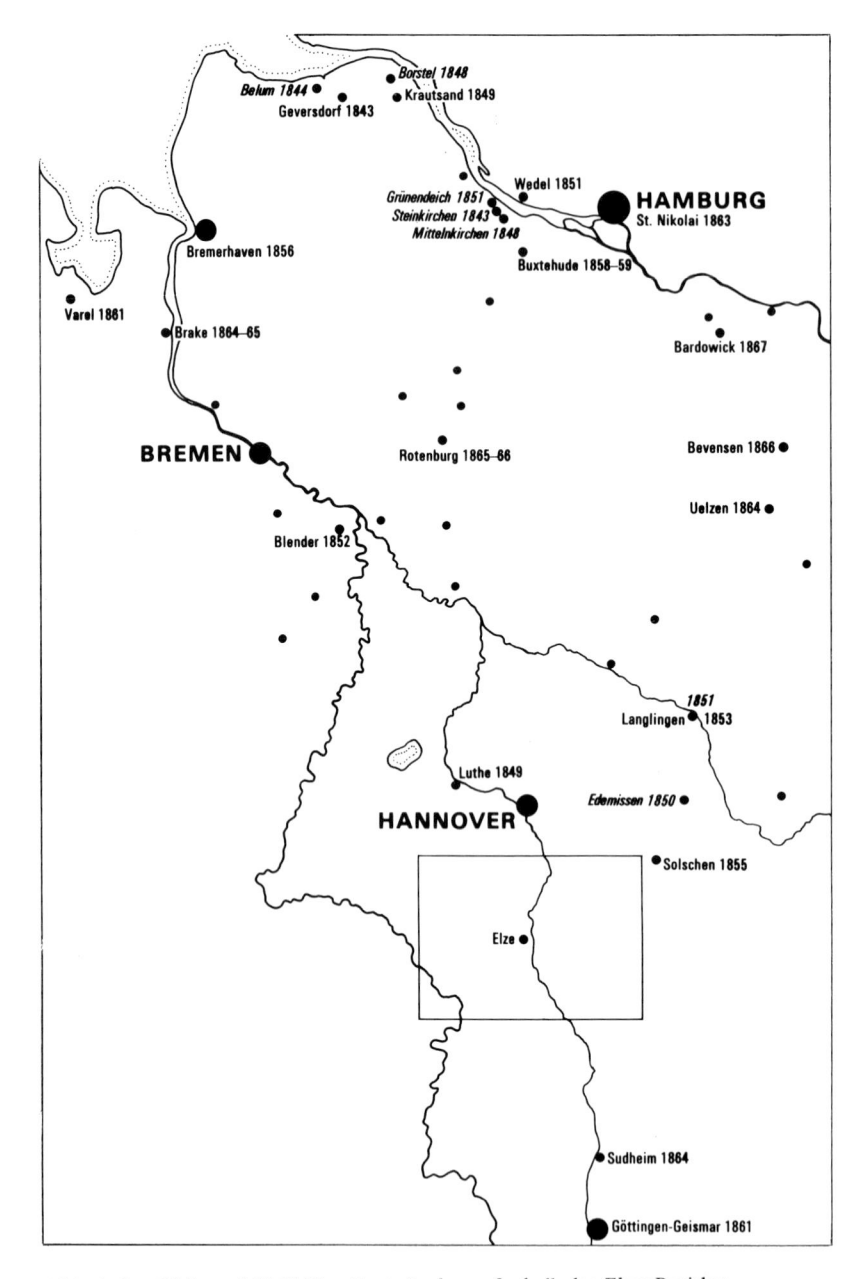

Abb. 3: Das Wirkungsfeld *Philipp Furtwänglers* außerhalb des *Elzer* Bezirkes
(Umbauten und Reparaturen sind *kursiv* gesetzt)

Steinkirchen	*1843*	Geversdorf	1843	Buxtehude	1858–59
Mittelnkirchen	*1844*	Krautsand	1849	Varel	1861
Belum	*1844*	Luthe	1849	Bardowick	1867
Borstel	*1848*	Wedel	1851	Bremerhaven	1856
Edemissen	*1850*	Blender	1852	Hamburg	1863
Grünendeich	*1851*				
Langlingen	*1851*				
Riede	*1852*				

● **HANNOVER**

- Hülsede 1845
- Beber 1842
- Adensen *1848* 1852–53
- *Münder 1840, 1847*
- Altenhagen 1844
- *Schulenburg 1851*
- *Wülfingen 1843*
- Hachmühlen 1842
- ● **HILDESHEIM**
- Hohnsen 1847
- Wittenburg 1841
- Elze
- *Eime 1850*
- Gronau 1859–60
- Frenke 1853
- Deinsen 1848
- Upen 1849
- Hoyershausen 1851
- Bredelem 1848

- Lüthorst *1837* 1849
- Amelsen 1838
- Dassel 1845

Gütenbach 1860
Triberg 1865

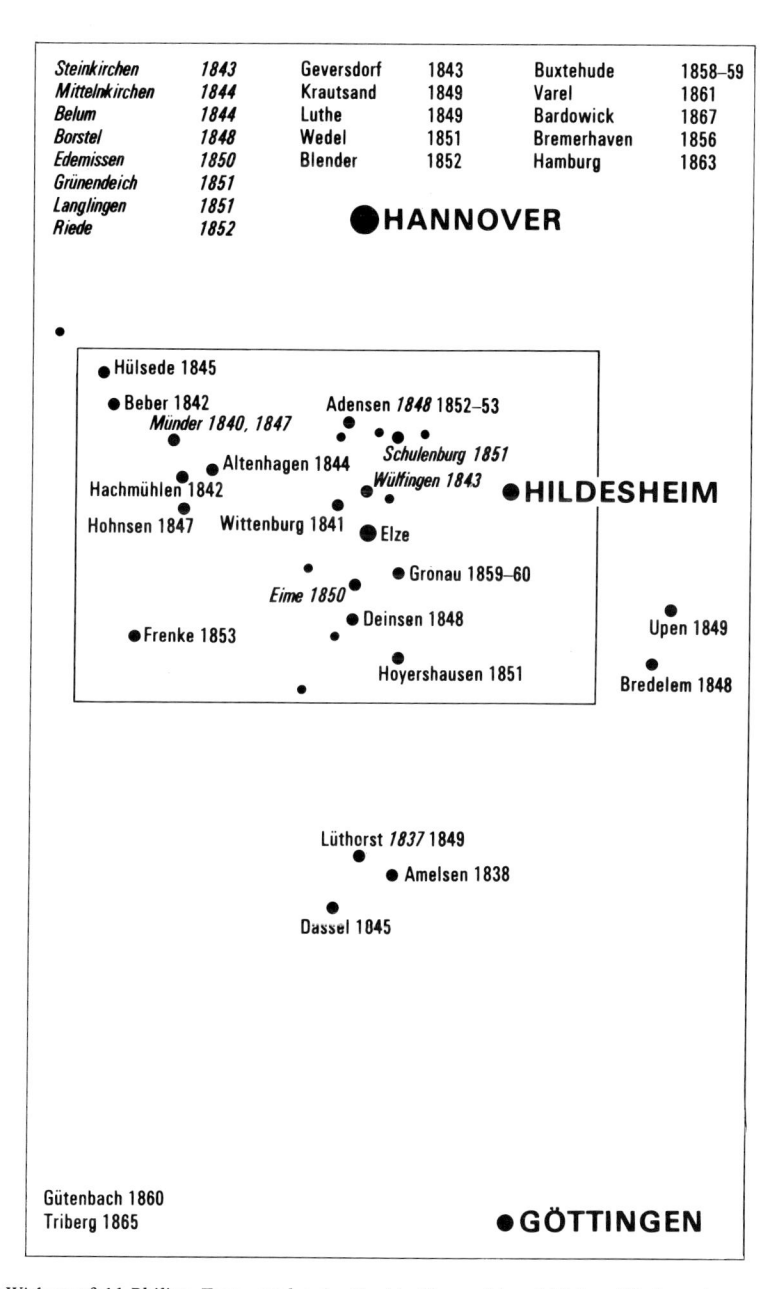

● **GÖTTINGEN**

Abb. 4: Das Wirkungsfeld *Philipp Furtwänglers* im Bezirk *Elze* und im südlichen Niedersachsen (Umbauten und Reparaturen sind *kursiv* gesetzt)

fers, beigebracht. Es ist aber nicht auszuschließen, daß er vorübergehend bei süddeutschen Orgelbauern und vermutlich auch kurz bei *Wilhelmi* in Stade gearbeitet hat. 1822 zog Furtwängler nach Elze, wo er zunächst als Großuhrmacher und durch Orgel-Reparaturen sein Geld verdiente. Erst 1838 erhielt Furtwängler seinen ersten Neubau-Auftrag, und zwar für die Kapelle in *Amelsen*.
Bis 1845 erstellte er sieben weitere Orgeln, darunter die Instrumente in *Hachmühlen, Geversdorf* und *Altenhagen*. Insgesamt erbaute Furtwängler nicht weniger als 68 Instrumente. Von diesen Orgeln sind jedoch nur noch wenige original erhalten oder restauriert worden. Größtenteils sind diese Orgeln zwischen 1930 und 1960 im Sinne eines pseudo-barocken Klangideals verändert worden. Diese Veränderungen sind oft so erheblich, daß sich die Orgeln nicht wieder in ihren ursprünglichen Zustand zurückversetzen lassen. Wir werden als ein solches Beispiel die Orgel in *Dassel* (1845) kennenlernen.
Das folgende Werkverzeichnis zeigt im Überblick, wann und wo Philipp Furtwängler tätig war.

Jahr	Neubau	Reg./Man.	Umbau/Reparatur
1826	Panphoneterion	?	
1831			Hoyershausen (A)
1836			Gronau, ev.Ki. (R)
1837			Lüthorst (R)
1838	Amelsen	7/I	
1839			Banteln (1840 ?) (R)
1840			Münder (U)
1841	Wittenburg	10/I	
1842			Tündern (R)
1842	Beber	11/I	
1842	Hachmühlen	16/II + P	
1843	Geversdorf	22/II + P	
1843			Steinkirchen (R)
1843			Wülfingen (R)
1844	Altenhagen	21/II + P	
1844			Mittelnkirchen (R)
1844			Belum (R)
1845	Hülsede	10/I + P	
1845	Dassel	24/II + P	
1846			Elze (R)
1847	Hohnsen	11/I + P	
1847			Münder (U)
1848			Adensen (R)
1848	Deinsen	10/I + P	
1848	Bredelem	17/II + P	
1848			Borstel (U)
1849	Upen	18/II + P	
1849	Krautsand	15/II + P	
1849	Luthe	11/I + P	
1850			Eime (R)

Jahr	Neubau	Reg./Man.	Umbau/Reparatur
1850	Lüthorst	17/II + P	
1850			Edemissen (R)
1851	Wedel	?	
1851			Grünendeich (U)
1851			Schulenburg (R)
1851	Hoyershausen	14/I + P	
1851			Langlingen (R)
1852	Lehe (Neubau?)		
1852	Blender	22/II + P	
1852			Riede (R?)
1852/53	Adensen	19/II + P	
1853	Frenke	8/I + P	
1853	Langlingen	19/II + P	
1853	Apensen	18/II + P	
1854	Eldagsen	23/II + P	
1854			Hunzen
1854			Altencelle (R)
1854	Hankensbüttel	23/II + P	
1854	Suderbruch	11/I + P	
1855			Wülfingen (U)
1855	Groß Solschen	32/II + P	
1855	Beedenbostel	24/II + P	
1855/56	Elsdorf	18/II + P	
1856	Benstorf	10/I + P	
1856	Bremerhaven, Un.Ki.	34/II + P	
1856	Hoyerhagen	17/II + P	
1857	Altencelle	20/II + P	
1857	Marienhagen	10/II + P	
1857			Brüggen (U)
1857	Meine	21/II + P	
1857	Bienenbüttel	21/II + P	
1857/58	Garlstorf	21/II + P	
1858	Schulenburg	22/II + P	
1858			Burgdorf (U)
1858			Hollern (U)
1858			Rheden (R?)
1858			Poppenburg (U)
1858			Vahlbruch (U)
1858/59	Buxtehude	52/III + P	
1859	Apelern	23/II + P	
1859/60	Gronau, ev.Ki.	57/III + P	
1860			Mehle (U)
1860	Gütenbach	28/II + P	
1861	Interimsorgel	7/I	
1861			Poppenburg (R)
1861	Varel	40/II + P	

Jahr	Neubau	Reg./Man.	Umbau/Reparatur
1861	Geismar	22/II + P	
1861			Aerzen (R)
1861	Hamburg, St.-Anschari-Kapelle	14/II + P	
1861			Sudheim (A)
1861	Twielenfleth	19/II + P	
1862	St. Dionys	22/II + P	
1862			Eime (R)
1862			Vahlbruch (R)
1862	Sittensen	20/II + P	
1862			Scheeßel (U)
1862	Esbeck	20/II + P	
1863	Hamburg, St. Nikolai	39/II + P	
1863	Verden, St. Johannis	20/II + P	
1863	Himbergen	21/II + P	
1864	Asendorf	20/II + P	
1864	Sudheim	15/II + P	
1864			Wülfingen (R)
1864	Uelzen, Marienkirche	29/II + P	
1864/65	Brake	25/II + P	
1865	Nordstemmen	23/II + P	
1865			Breese (A)
1865	Hamburg, Irrenanstalt	4/I	
1865	Triberg	31/III + P	
1865/66	Rotenburg/Hann.	25/II + P	
1866			Sarstedt (R)
1866			Heisede (U)
1866			Gronau, kath. Ki. (U)
1866	Kirchboitzen	15/II + P	
1866	Neuenkirchen	15/II + P	
1866	Bevensen	21/II + P	
1867	Egestorf	14/II + P	
1867	Barnten	5/I	
1867	Bardowick	30/II + P	

R = Reparatur
U = Umbau
A = Aufstellung

Furtwänglers Orgeln zählen heute zu den interessantesten Instrumenten der Frühromantik in Norddeutschland. Nicht nur eine bemerkenswert solide Qualität, sondern auch klassische Orgelbauprinzipien im technischen und klanglichen Bereich kennzeichnen die Mehrzahl seiner Orgeln. Dies gilt insbesondere für die Windladen, die technische Anlage (mit Ausnahme der Wellenaufhängung), die Holzpfeifen, die Labialpfeifen aus Blei und Zinn sowie die Gehäuse. Wenn Furtwängler auch

stets auf die Mensur-Theorie Töpfers Bezug nahm, so legen doch Dispositionen und Abstufungen in der Mensurierung sowie seine kompromißlose Intonationsweise Zeugnis von einem überdurchschnittlichen Klangverständnis ab.
Furtwängler war ein Orgelbauer, der seine Instrumente äußerst individuell plante und baute. Er berücksichtigte bauliche Gegebenheiten, Wünsche der Gemeinden und Wünsche der Sachverständigen. Dabei war er allerdings immer darauf bedacht, seine Grundprinzipien bezüglich der technischen und klanglichen Gestaltung zu wahren.
Seit spätestens 1849 war Furtwänglers Sohn *Wilhelm Furtwängler* als selbständiger Mitarbeiter im väterlichen Betrieb tätig. Wilhelm vertrat bis in alle Einzelheiten die Ansichten des Vaters und hatte demzufolge mit ihm ein in Fragen der Planung und Ausführung ungetrübtes Arbeitsverhältnis.
Der Sohn *Pius Furtwängler* wurde Anfang der 60er Jahre eigenverantwortlich in die Geschäftsführung mit einbezogen. Die Orgel in *Twielenfleth* stellte er als erste selbständig auf. Während 1860 die Firma „Philipp Furtwängler und Sohn" (Firmenschild in Gronau) hieß, nannten sich die Orgelbauer ab 1862 „Ph. Furtwängler und Söhne". Diese Bezeichnung wurde auch noch nach dem Ableben Philipp Furtwänglers am 9.7.1867 von den Söhnen beibehalten.
Nach dem Tode Wilhelm Furtwänglers verlegte Pius den Betrieb nach Hannover und nahm den Orgelbauer *Adolf Hammer* aus Herzberg 1883 als Teilhaber auf. Die Firma nannte sich seitdem „P. Furtwängler und Hammer". P. Furtwängler starb 1910, Adolf Hammer 1921.
Über die Konstruktions- und Dispositionsprinzipien Furtwänglers und über seine Gedanken zu Gehäusegestaltung wird in gesonderten Vorträgen berichtet werden.

Im Raum südlich Hannovers waren es neben *Philipp Furtwängler* sein Konkurrent und von ihm teilweise stark angefeindeter Kollege *Johann Andreas Engelhardt* und dessen Sohn *Gustav Engelhardt* aus Herzberg. (Vgl. Abb.5).
Zu geringerer Bedeutung gelangte *Friedrich Schulze* aus Paulinzelle, der lediglich mit einem nur noch in Teilen erhaltenen Werk in der Marktkirche in *Einbeck* vertreten ist. Die Bauprinzipien lebten aber im Werk seines Schülers, des Göttinger Orgelbauers *Giesecke,* weiter, der wie Schulze, um nur einen Gesichtspunkt zu nennen, ein heftiger Verfechter des vom inneren Orgelaufbau unabhängig gestalteten Prospektes ohne klingende Pfeifen war, und der — auch Furtwängler und Engelhardt haben das schon vereinzelt getan — in sehr hohem Maße die Verwendung von Zink im Pfeifenbau eingeführt hat.
In dieser Gegend war vor allen Dingen auch die Hildesheimer Orgelbauerfamilie *Schaper* in zwei Generationen tätig. *Heinrich Schaper* hat vor allem in der Mitte des Jahrhunderts gewirkt, gefolgt von seinem Sohn *August Schaper.* Es gibt noch eine sehr gut erhaltene Orgel im Kreis Alfeld, die leider durch Bauschäden und Holzwurm sehr bedroht ist. Schaper ist uns durch eine heute nicht sehr beeindruckende Eigenschaft bekannt geworden: er hat viele einmanualige Orgeln in kleinen Kirchen des Hildesheimer Raumes, z.B. der Familie *Müller*, durch ein zweites Manual erweitert. Daran kann man aber noch sehr gut die klanglichen Vorstellungen studieren und einen recht vollständigen Eindruck von seinen Bauprinzipien gewinnen. Er war ein ausgezeichneter Handwerker und hat in den Fällen, in denen er Trakturen ergänzen wollte oder mußte, natürlich keine idealen Bedingungen für die Anlage seiner Trakturen vorgefunden. Er hat die mit der Er-

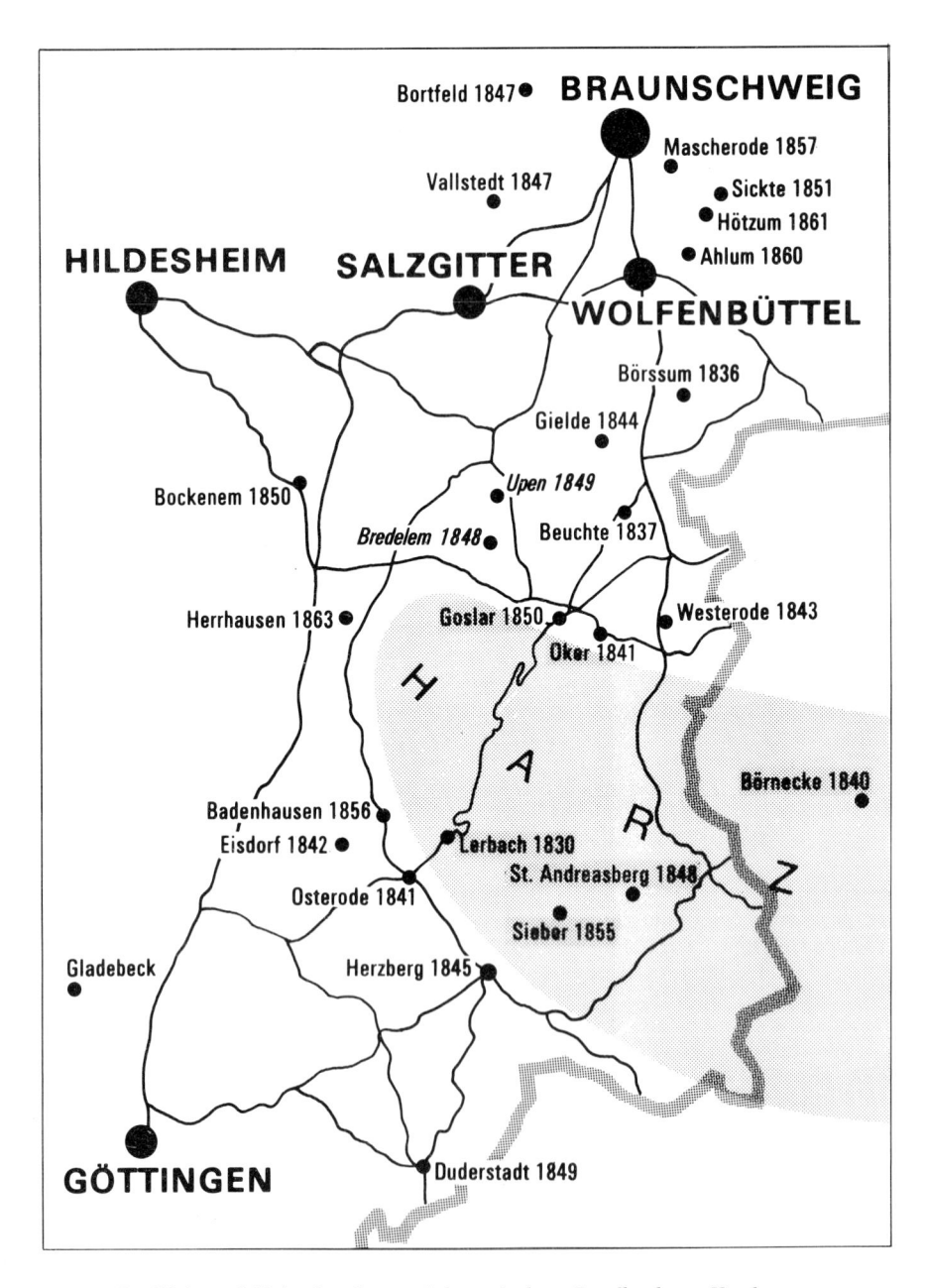

Abb. 5: Das Wirkungsfeld des Orgelbauers *Johann Andreas Engelhardt* aus *Herzberg*

weiterung verbundenen Probleme oft auf sehr witzige und geschickte Weise gelöst.
Im Göttinger Raum, aber auch im übrigen Königreich Hannover ist die Familie *Euler* bekannt geworden. Diese Familie ist im Bau sowohl der Pfeifen als auch der Laden und Trakturen die höchststehendste Orgelbauerfamilie des südhannoverschen Gebietes. Sie leitet sich her von *Stephan Heeren*, Zwischenglied der Familie *Kuhlmann*, die im 18. Jahrhundert bereits mit repräsentativen Instrumenten bis nach Westfalen hinein in Blüte gestanden hat. In der ersten Hälfte des 19. Jahrhunderts war es *Conrad Balthasar Euler* (+ 1874), der in einer sehr schönen Weise alte Orgelbaukunst gepflegt hat. Der Betrieb wurde von *Friedrich W. Euler* (1827–1893) und seinem Bruder *Heinrich Euler* (* 1837) 1854 übernommen, seit etwa 1860 unter dem Namen *Gebr. Euler* bis 1893 geführt. Die hohe Qualität der Eulerschen Orgeln läßt sich besonders gut an den Eichenholzpfeifen demonstrieren. Die Pfeifenwände sind dünne Spiegelschnitte, die ausgezeichnet verleimt sind. Die Pfeifen sind klanglich ganz hervorragend. Die Metallpfeifen sind geringfügig schlechter, liegen aber noch über dem seinerzeit üblichen Standard.
Dann sollte man einen Mann erwähnen, der nur sehr kleine Instrumente gebaut, aber noch in guter alter Tradition gestanden hat: der Orgelbauer *Werder*, der in der Nähe von Göttingen ansässig gewesen ist, und der den Landstrich mit kleineren Instrumenten versorgt hat. Ein Teil dieser Instrumente ist bereits restauriert; in *Rohringen* bei Göttingen wird zur Zeit gearbeitet.
In *Celle* ist noch der Orgelbauer *Vieth* zu nennen, von dem nur noch in einem Vorort von Celle eine Orgel ziemlich rein erhalten ist. Sonst ist er meistens mit Pflegen und Umbauten tätig gewesen. Wie alle Orgelbauer dieser Zeit hat er auch oft ältere Instrumente für abgängig erklärt, durch neue ersetzt oder nach den damals herrschenden Vorstellungen und den musikalischen Wünschen der Organisten umgebaut.

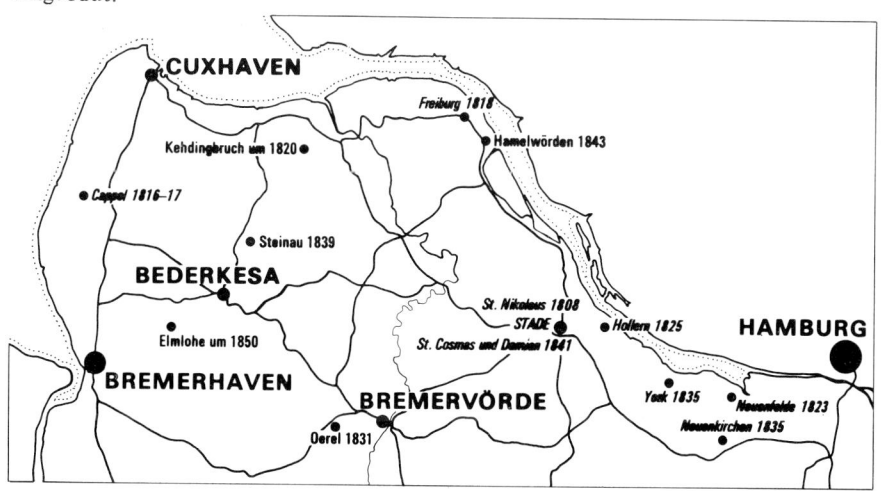

Abb. 6: Das Wirkungsfeld des Orgelbauers *Georg Wilhelm Wilhelmi* aus *Stade*

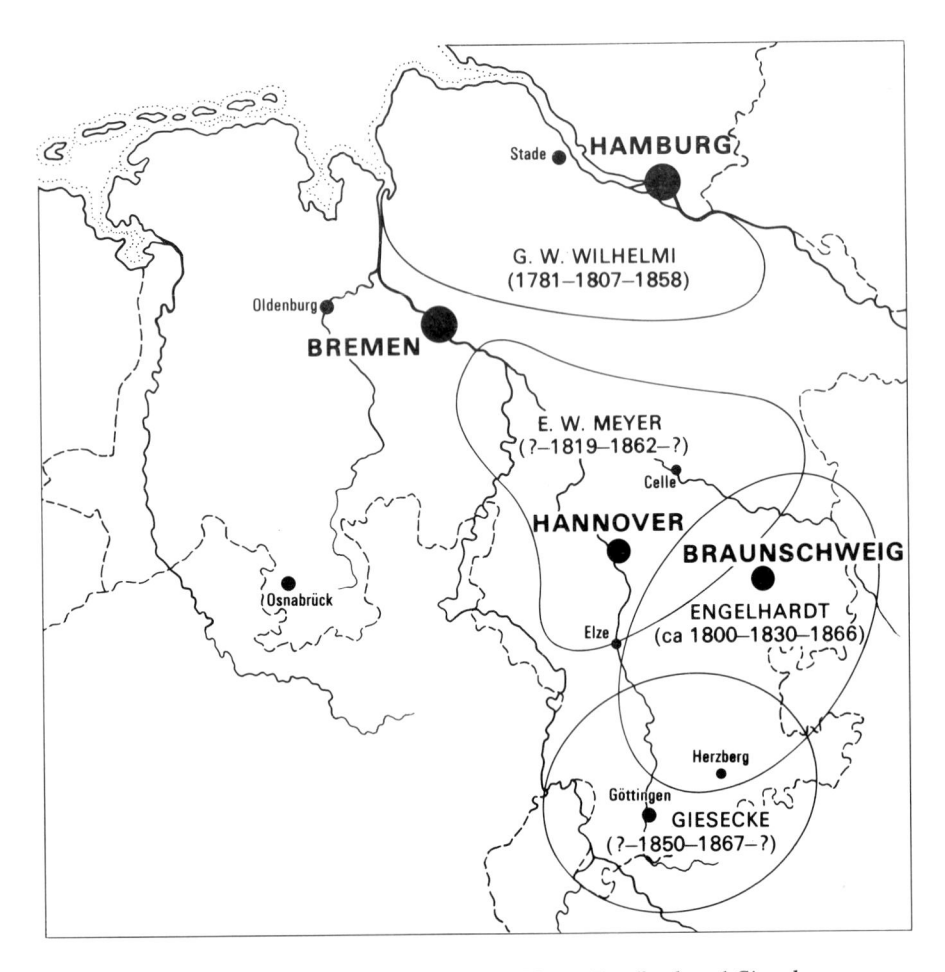

Abb. 7: Die Wirkungsfelder der Orgelbauer *Wilhelmi, Meyer, Engelhardt* und *Giesecke*

Da Furtwängler stärker nach Norden ausgerichtet war, ergab sich keine übermäßig große Konkurrenz mit den Orgelbauern im Göttinger Raum – von Carl Giesecke einmal abgesehen. Umso stärker hatte Furtwängler im Raum Stade zu kämpfen. Zwischen Stade und Otterndorf ist Furtwängler mit eigenen Arbeiten bereits 1843 vertreten. Er tritt damit in Konkurrenz zu *Georg Wilhelm Wilhelmi* (1781–1858) in Stade, der die zweite Wilhelmi-Generation vertritt (vgl. Abb. 6, 7 und 8). Wilhelmi ist durch Neubauten von 1820 bis 1850 hervorgetreten; besonders gut erhalten ist die zweimanualige Orgel in *Steinau* (1839).

Die Familie Wilhelmi wird abgelöst von der Orgelbauerfamilie *Röver,* die in zweiter Generation in Stade ansässig war. Der Quedlinburger Bruder ist uns, insbesondere

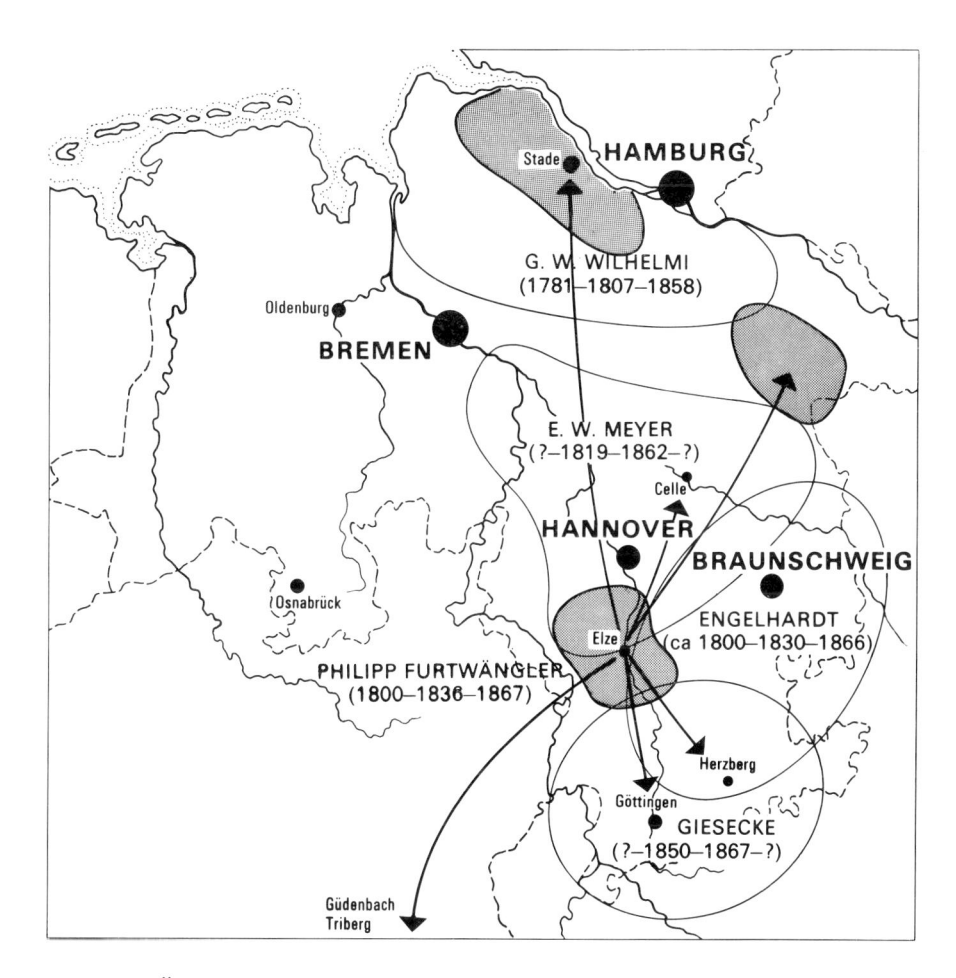

Abb. 8: Die Überschneidung der Wirkungsfelder *Furtwänglers* mit denen seiner Konkurrenten

wohl durch dessen Verbindung mit Reubke, gut bekannt. Der in Stade verbliebene Bruder, *Johann Hinrich Röver,* ist der Erfinder der Röver-Lade, eine Art Kastenlade, und hat damit, wie die Familie *Schmidt* in Oldenburg, etwas völlig Neues in die Landschaft gebracht. Von Röver sind etliche Instrumente noch erhalten. Im Moment wird seine wohl größte noch erhaltene Orgel in der Klosterkirche in *Lilienthal* bei Bremen restauriert. In *Pattensen* bei Winsen an der Luhe steht ein großes, noch erhaltenes Werk von ihm. Daneben gibt es natürlich noch zahlreiche kleine Instrumente. Röver ergänzte seine mechanisch gesteuerte Kastenlade um ein pneumatisches Regierwerk, bis er schließlich ein anderes System fand, die uns bekannte Kegellade. Kegelladen hat vor allen Dingen der Sohn *Heinrich Röver* gebaut, der bis in das 20. Jahrhundert hinein, bis etwa 1916, tätig war.

Im Hannoverschen Raum darf die Familie *Tappe* in Verden nicht vergessen werden, die vermutlich mit Wilhelmi oder Röver in Verbindung gebracht werden muß und vor allem zwischen Hannover und Verden aktiv war.

In Bremen lebte der Orgelbauer *Witzmann,* der vorwiegend in der Wesermarsch tätig war, und von dem dort noch einige Orgeln erhalten sind. Unrühmlich bekannt geworden ist er durch den Umbau der Orgel in *Loxstedt,* wo er einem eigentlich von Anfang her nicht gut gelungenen Orgelwerk hat aufhelfen wollen.

Die Furtwängler-Orgeln in Deinsen und Marienhagen*

von CHRISTIAN EICKHOFF

Entsprechend dem Thema der Fachtagung haben Sie eine Reise in eine zurückliegende Welt unternommen, die wir hier an dieser Orgel im Baujahr 1848 antreffen — 10 Jahre nach der mutmaßlichen Gründung der Orgelbauwerkstatt Philipp Furtwängler.

Wir stellen uns aus dem Einführungsvortrag von Herrn Professor Pape einen vielseitig ausgebildeten Mechanikus und Orgelmacher vor, 48 Jahre alt und über 10 Jahre im Bau von Orgeln erfahren.

Es muß eine Schwarzwälder Eigenschaft sein, mit sparsamen und einfachen Mitteln ein mechanisches Musikwerk zu entwickeln, das bis in unsere Tage hinein seine Dienste verrichtet, obwohl es da einige Klippen und Schwierigkeiten in der Konstruktion sowie Funktion gibt, auf die noch näher eingegangen werden soll.

Meine Aufgabe soll es sein, zwei kleinere Orgelinstrumente gleicher Größe — nämlich 10 Register auf einem Manual und Pedal — in Anlage und Konstruktion miteinander zu vergleichen.

Die Prospekte und mit ihnen die Pfeifenstellungen auf der Windlade sind nach klassischer Bauweise empfunden: hier in Deinsen äußerlich eine 3-Teilung, die aus der Mittelachse der Orgel diatonisch zu den Seiten verläuft — in Marienhagen eine konsequente 5-Teilung in 1 Baß-, 2 Tenor-, 2 Diskant-Felder.

Der bekanntlich engen Pfeifenstellung einer von Manual und Pedal durchschobenen Windlade im Baß ging Furtwängler hier in Deinsen geschickt aus dem Wege: versteckt hinter den äußeren Pilastern stehen die 4 tiefsten Pfeifen der Manualregister und die 5 tiefsten Pfeifen der Pedalregister an den Außenenden der C-Cis-geteilten Windladen. Diese ungleiche Aufgliederung ist im Prospekt nicht zum Ausdruck gekomken, im Innern der Orgel bedeutet sie große Erleichterung bei der Erreichbarkeit der Pfeifen, d.h. bei der Stimmung. Die ideale Aufgliederung in der 5-Teilung eines Pfeifenwerkes wie in Marienhagen ist bekannt.

Hoch und großzügig empfinden wir hier den Kirchraum im klassizistischen Stil — in Marienhagen ist die ältere Dorfkirche klein und niedrig. Entsprechend löste Furtwängler Gestaltung und Anlage der beiden Orgeln: das hochgestellte Pfeifenwerk wird in dieser Orgel von dem in ganzer Gehäusebreite ausgelegten Giebeldreieck erfaßt, die größten Pfeifen an den Außenseiten sind nach hinten gekröpft. Hingegen wurden in Marienhagen die tiefen 10 Pfeifen von Manual-Principal 8' liegend an der nahen Kirchendecke untergebracht, mit der Lade über lange Holzkonduktsen verbunden; das hintergestellte Pedalwerk ist tief am Fußboden gebaut. Beide Orgelgehäuse sind oben und hinten gegen Kirchendecke und Mauer offen. Der Klang wird also nicht gebündelt und findet Resonanz am Material der weiteren Umgebung, der Raum wird sozusagen mit einbezogen, es klingen und singen Orgel und Menschen in einem Raum. Dabei mögen wirtschaftliche Überlegungen mitgespielt haben, wenn auf Rückwand und Decke des Orgelgehäuses verzichtet wurde. Ich möchte aber den heute überwiegend barock-klassisch orientierten Orgelfreunden

---

* Die Disposition der Orgel in Deinsen ist auf S. 6 wiedergegeben.

entgegenhalten, daß die Welt von Furtwängler vor 130 Jahren weniger den glasklaren, harten, geschliffenen Klang schätzte, sondern dem kräftigen, satten baßbetonten Klang Herz und Gemüt zuwandte, einem Klangideal, das in der Renaissance schon bekannt war, das durch den 30-jährigen Krieg und die anschließende Blütezeit des Barock-Zeitalters verloren ging.

Es liegt mir fern, und es entspräche auch nicht der Wahrheit, den Firmengründer Furtwängler der heutigen Firma Emil Hammer, Orgelbau, als den Erwecker des romantischen Klangideals darzustellen — das kam erst viele Jahrzehnte später zum Ausdruck, als die Firma Furtwängler und Hammer in einer langen Ära der 3 Hammer — Adolf, Walter, Emil — große pneumatische Orgelwerke baute und die orchestralen, hoch-romantischen Klänge schuf, ähnlich denen der Firmen Kemper, Walcker, Steinmeyer.

Philipp Furtwängler war ein Schwarzwälder. Er hatte vermutlich auch in einer kleinen Werkstatt für automatische Musikwerke und Flötenuhren gelernt.

Furtwängler hat im Bau von Uhren und mechanischen Triebwerken gelernt, sparsam im Material und genau zu arbeiten. Es waren die Erfahrungen von Not und Ausdauer, solide Kenntnisse im Handwerk, sowie ein fester unerschütterlicher Wille mit kämpferischem Einschlag, die ihn in der Fremde bestehen ließen. Furtwängler war ein Mann seiner Zeit: auf der Basis der klassischen Orgelbaukunst, nämlich der werkeigenen Konstruktion, entwickelte und verteidigte er seine klangliche Auffassung vom Orgelklang gegenüber der bestehenden Konkurrenz konservativer Haltung mit wachsendem Erfolg.

Zurück zu unseren Orgeln in Deinsen und Marienhagen. Die Tasten sind in beiden Orgeln einarmig. In Marienhagen führt ein Winkelbalken die Spieltraktur flach an der Klaviatur liegend in die Tiefe der Orgel zu einem 2. Winkelbalken, von dort aufsteigend über ein Wellenbrett zu den Tonventilen in der Windlade, also mit Spundöffnungen nach hinten. Die Pedal-Traktur verläuft über einen Winkel am Tastenende zu einem liegenden Wellenbrett, von dort über einen 2. Winkelbalken zu den Tonventilen.

In Deinsen verläuft die Spieltraktur von Manual und Pedal etwas abenteuerlich. Die hochgestellte Doppellade erlaubte ein hohes, breites Wellenbrett zur Aufnahme der Wellen von Manual und Pedal in der Teilung der ,,durchschobenen Kanzellen" der Lade, direkt über der Manualklaviatur beginnend, also eingehängt in die Bewegung der angehängten Taste. So weit liegt alles normal und gut. Die ,,Schwarzwälder Sparsamkeit" ließ folgende Pedal-Traktur bauen: vom Ende der Pedaltaste führt die Traktur im Wechsel von Holz und Draht zwischen den Manualtasten hindurch zum hochgestellten Wellenbrett unter der Windlade — ohne (Polsterung und) besondere Führung.

Die Pedalkoppel ist ähnlich abenteuerlich konstruiert: das Koppel-Wellenbrett wird über einen Haken-Koppelzug in einem Scharnier nach hinten geklappt — in der An-Stellung klappt also das Wellenbrett nach vorne und schiebt die Ärmchen unter Holzklötzchen, die an den Holzabstrakten verleimt sind. Eine untere Führung übernimmt die Garantie oder das Risiko der Treffsicherheit.

Abb. 9: Die Orgel in *Deinsen* (1848, 9/I+P, *Ph. Furtwängler*)

Abb. 10: Die Orgel in *Altenhagen* (1844, 20/II+P, *Ph. Furtwängler*)

Zur Restaurierung frühromantischer Orgeln unter besonderer Berücksichtigung der Furtwängler-Orgeln in Altenhagen und Geversdorf

HELMUT WINTER, Hamburg/Hannover

Diesen Vortrag halte ich aus der Sicht der Hannoverschen Landeskirche, deren Orgeln ich zu betreuen habe. Ich bitte, dieses Referat als einen Beitrag rein persönlicher Erfahrung, die mir während der Arbeit im Laufe der Jahre zugewachsen ist, aufzunehmen.

Wir haben in der Landeskirche Hannover neben den berühmten Orgeln aus dem 17. und 18. Jahrhundert fast eine gleich große — wenn man die kleineren Rudimente auch noch hinzuzählt — eine erheblich größere Anzahl von Instrumenten aus dem 19. Jahrhundert, vor etwa 1850/60, die seit längerer Zeit unter Denkmalschutz stehen. Ich darf ergänzen, daß sogar die Instrumente bis etwa 1930 ebenfalls einen gewissen Denkmalschutz genießen, d.h. es bedarf einer ganz besonderen Begründung, wenn man an ihnen Veränderungen vornehmen bzw. wenn man sie sogar vollständig ersetzen will. Das ist bei uns durch eine Verordnung entschieden worden, die parallel auch die Denkmalpflege bei kirchlichen Bauten regelt. Sie ist nicht unangefochten, und ich selbst muß gestehen, daß ich, soweit es sich auf die Orgeln bezieht, nicht in der Lage bin, diese Verordnung voll auf die sehr schwer zu beurteilende Zeit zwischen 1870 und 1930 anzuwenden, denn die Instrumente sind teilweise gar nicht mehr rein auf uns überkommen, sondern sind oft ganz erheblich umgebaut. Daß man hier den Denkmalschutz voll zur Anwendung bringt, erscheint mir fraglich.

Ich darf Ihnen zunächst kurz schildern, wie bei uns die Art der Orgeldenkmalpflege organisiert ist. Sie wissen, daß sie nur durch kirchliche Verfügung abgesichert ist. Wir haben in Niedersachsen kein Denkmalschutzgesetz, das diese Dinge im einzelnen regelt; dieses ist in Vorbereitung.

Wir haben im Landeskirchenamt eine Kartei sämtlicher Instrumente der Landeskirche mit möglichst genauen Bestandsaufnahmen. Wenn eine Restaurierung ansteht, dann setzt das Landeskirchenamt einen Sachverständigenausschuß ein, der in der Regel je nach Bedeutung des Falles aus wenigstens zwei oder drei Personen besteht, bei bedeutenderen Fällen bis auf vier oder fünf Personen anwachsen kann.

Aufgabe dieses Sachverständigenausschusses ist es zunächst, eine neue Bestandsaufnahme des Instruments durchzuführen, wenn sich dies ohne Gefährdung des Instruments im zusammengebauten Zustand ermöglichen läßt. Eine weitere Aufgabe ist es, die Geschichte des Instrumentes zu erhellen, und zwar ausgehend von Primärquellen. Sekundärquellen, also Literatur und Überlieferungen, werden eventuell anregend oder vergleichend hinzugezogen. Das Studium der Primärquellen bis hin zu der mühsamen Durchsicht der Kirchenrechnungen ist unabdingbare Voraussetzung. Dies gilt nicht nur für die kircheneigenen Archive, die sich teilen in die Gemeindearchive, in die Superintendenturarchive, in die Abgaben, die in die Staatsarchive gelangt sind, Archiv der Klosterkammer, sondern auch für die Archive des Regierungspräsidenten, die Stadtarchive, Landarchive usw. Auch Familienarchive müssen eingesehen werden: Die Firma Euler hat ein solches, und auch die Firma Furtwängler besitzt ein Familienarchiv, das jetzt von der Firma Hammer betreut wird.

Dies alles und das sonst schon in der Literatur Berücksichtigte wird in einem handlichen Dossier erfaßt.

Wenn dieses vorliegt, wird ein Rahmenplan vom Sachverständigenausschuß für die Restaurierung der Orgel erarbeitet, d.h. es werden diejenigen Arbeiten benannt, die nach Meinung des Sachverständigenausschusses zur Erhaltung oder Wiederspielbarmachung des Werkes notwendig sind. Dabei unterscheiden wir zwischen einer bloßen Substanzerhaltung, einer Konservierung (das ist die bescheidenste und einfachste Maßnahme), einer gezielten Reparatur einzelner gravierender Schäden, die derzeit die Spielbarkeit des Instrumentes beeinträchtigen oder hindern, und der Restaurierung mit all ihren komplizierten Teilaufgaben, wie Konservierung, Rekonstruktion usw. Ich brauche das nicht im Einzelnen zu erläutern; das ist ja auch im Regulativ der GdO eingehender beschrieben.

Dieser Rahmenplan wird an eine Reihe von Orgelbauern verschickt, die der Sachverständigenausschuß aussucht. Bei der Auswahl wird berücksichtigt, ob die Orgelbauer mit ähnlichen Arbeiten bereits Erfolg gehabt haben oder deren heutige Arbeitsweise so geartet ist, daß für sie die Restaurierung einer alten Orgel kein Mummenschanz bedeutet. Orgelbauer, deren Bauweise völlig anders als die früherer Orgelbauer ist, und die einfach von der täglichen Praxis her keine Erfahrung damit haben, sind nicht dafür geeignet. Es sind also in erster Linie solche, die in ihrer täglichen Praxis, sei es nun bei Neubauten oder auch eben bei Reparaturen, in dieser Art zu arbeiten gewohnt sind. Die Orgelbauer werden gebeten, ihre Kostenangebote abzugeben und darüber hinaus das zu berücksichtigen, was außer den von dem Sachverständigenausschuß benannten Arbeiten für eine Restaurierung, Reparatur oder Konservierung aus ihrer Sicht sinnvoll sind.

Wenn das abgeschlossen ist, wird der gesamte Sachverhalt geprüft und mit dem Kirchenvorstand diskutiert; und es fällt dann schließlich die Wahl auf den Orgelbauer, der für die Arbeiten am geeignetsten ist, wobei ich betonen muß, daß das nicht immer derjenige ist, der das billigste Angebot abgegeben hat. Wir freuen uns natürlich auch, wenn jemand gute Arbeiten zu einem mäßigen Preis ausführen kann. Aber das ist ja allgemein bekannt, daß die Wahl des billigsten Angebotes selten zu etwas Gutem geführt hat. Gerade in diesem Punkt haben wir auch in den ersten Nachkriegsjahren in Hannover etliches Lehrgeld bezahlen müssen, wo Arbeiten vorgenommen worden sind, die heute schon wiederholt werden müssen oder schon vor 10 Jahren wiederholt werden mußten. Das ist nicht nur auf die veränderte Einschätzung der Aufgaben und Durchführung zurückzuführen, sondern weil auch untaugliche handwerkliche Methoden, in erster Linie gar nicht mal so sehr schlechte Materialien, verwandt worden sind.

Ich möchte Ihnen damit eigentlich nur gesagt haben, daß grundsätzlich an eine andersartige Behandlung von Instrumenten des 19. Jahrhunderts gegenüber solchen aus dem 16. und 17. Jahrhundert nicht gedacht ist. Also, eine Orgel, die unter Denkmalschutz steht, auch wenn sie ganz jung ist, wird mit der gleichen Sorgfalt und mit dem gleichen vorbereitenden, forschenden, wissenschaftlichen und handwerklich-technischen Aufwand behandelt wie eine Orgel Arp Schnitgers oder davor. Das ist bei uns Grundsatz.

Sie wissen, daß dann natürlich Entscheidungen manchmal sehr schwierig sind — und aus diesem Kreis ist ja auch etwas merkwürdig über unsere Entscheidung im Falle Buxtehude geurteilt worden. Wir haben das zwar zum Anlaß genommen, die Dinge nochmals zu überlegen, aber vielleicht haben wir gleich im Verlauf, wenn ich noch einmal auf einzelne Punkte zurückkomme, Gelegenheit, darüber zu sprechen.

Ich möchte Ihnen im folgenden über Aufgaben, die bei uns bei der Restauration praktisch vorkommen, berichten. Ich nehme einzelne technische Gruppen, wie sie sich auch bei der Beurteilung nachher bei den Instrumenten herausgestellt haben, heraus. Zunächst einmal die Windversorgung.

Wir haben in der Regel bei all diesen Instrumenten Keilbälge vorliegen. Es sind wenigstens zwei, weil sie ja auch für den Fuß- oder Handbetrieb konzipiert sind. Die Lage der Keilbälge ist entgegen der Praxis bei frühen Orgeln glücklicherweise bei Instrumenten des 19. Jahrhunderts nicht erheblich verändert worden. Deshalb ist der Befund solcher Keilbälge aus dem 19. Jahrhundert relativ gut. Sie lassen sich ohne weiteres wiederherstellen bzw. einfach reparieren. Dazu gehört das Ausflicken der gerissenen Balgplatten, der gerissenen Falten und dann natürlich der oft malträtierten Belederung, die mit auf das Konto der früheren Bälgetreter geht. Das sind Dinge, die sich relativ leicht in den Griff bekommen lassen, ebenso auch die Reparatur der Kanäle. Wir achten sehr genau darauf, wenn sich einmal Ortsveränderungen, Distanzveränderungen und auch Wegeveränderungen zwischen den Bälgen und zwischen der Orgel ergeben haben, daß diese unbedingt wieder im originalen Sinne hergestellt werden. In der Regel läßt sich das rekonstruieren, sofern nicht Anbauten von Kirchen verschwunden sind; dann ist nichts mehr zu machen. Auch sehen wir darauf, daß die Ladeneingänge unbedingt wieder die gleichen Maße haben, wie sie von Ursprung an gewesen sind; das heißt, sollten Teile von Kanälen rekonstruiert werden müssen, dann versuchen wir zunächst einmal, den Ladeneingang genau festzustellen, der sich auch meistens von den anderen Maßen des Instrumentes her reproduzieren läßt.

Dann sehen wir aber vor allem darauf, daß wir sog. Modernisierungen in der Kanalführung, wie z.B. die scheinbar strömungsmäßig günstigeren Kröpfungen, die eine panische Angst vor einem 90°-Winkel im Kanalgefüge zum Ausdruck bringen, wieder rückgängig machen. Es hat sich erwiesen — das haben wir auch bei Instrumenten der frühen Zeit gesehen —, daß die Windversorgung ganz erheblich gestört wurde, wenn diese ursprünglich nicht existierenden Kröpfungen belassen wurden. Oft wurde die Orgel gerade dann windstößig, weil dadurch gewisse Rückstoßeffekte anders waren als bei den geraden und rechtwinklig abgebogenen Kanälen. Das ist also eine ganz wichtige Sache, die uns bei mehreren Instrumenten beschäftigt hat.

Hier in Altenhagen bestand in dieser Weise kein Problem. Dagegen wurde in jüngster Zeit, und das unterscheidet die Restaurierung in Geversdorf von der in Altenhagen, bei den Instrumenten das elektrische Gebläse nur an einen Keilbalg angeschlossen, und das ganze übrige Windsystem, d.h. die restlichen Keilbälge, wurde praktisch ausgeschaltet. Das haben wir wieder einbezogen. In Geversdorf sind, wenn der Motor läuft, wieder alle drei Bälge in Funktion. Wir haben praktisch die gleiche Erscheinung, wenn der Motor läuft oder die Bälge pedaliter betätigt werden: Das Luftpolster und damit die Elastizität sind im wesentlichen gleich. Ich darf sagen, daß, nachdem dies festgestellt worden ist, alle kleinen Kunststück-

Abb. 11: Registerzüge der Orgel in Altenhagen, rechte Seite (Handschrift *Furtwänglers*)

chen, z.B. die Schwimmerbälge und Stoßbälge an den Kanälen, überflüssig werden. Allerdings, und das gilt auch für die anderen Dinge, die wir besprechen, muß dies an der für die jeweilige Orgel geschriebenen Literatur gemessen werden.
Dieser letzte Punkt ist eine ganz entscheidende Sache. Wenn Sie mit dem falschen Maß an das Instrument gehen, werden Sie es automatisch falsch einschätzen, Dinge von ihm fordern oder bei ihm suchen, die es zu leisten nicht in der Lage ist – nicht etwa, weil es das nicht kann, sondern weil das nicht im Blickpunkt der Orgelbauer gestanden hat. Ein Mann, der in diesen Punkten gerade sehr empfindlich war, und ich meine jetzt nicht nur die Windversorgung, sondern auch was Disposition und Registrieren anbelangt, war ja Philipp Furtwängler. Philipp Furtwängler war von seiner süddeutschen Herkunft ein Mann, der das Herz auf der Zunge hatte. Das ging bei ihm sogar manchmal bis zu etwas peinlicher Geschwätzigkeit; er hat endlose Briefe geschrieben. Aber diesem Charakterzug verdanken wir natürlich auch, daß er seine Absichten und seine Vorstellungen beim Disponieren von Registern sehr freimütig offenbart hat. Er hat sehr schöne Registerplanungen zu Papier gebracht, warum dieses so und nicht so gemacht werden sollte, warum dieses mit jenem kombiniert werden müsse, und warum dieses Register nicht herausgenommen werden darf. Hier sieht man, daß nicht, wie oft angenommen wird, das Verkaufsinteresse eines weiteren Registers im Vordergrund gestanden hat, sondern daß hier wirklich ein künstlerisch-klangliches Konzept, das auf der Kenntnis von Literatur fußte, ausschlaggebend war für diese oft sehr engagierten Briefe an Gemeinden, Organisten und Orgelsachverständigen. Es ist sehr wichtig, daß diese Einstellung strikt respektiert wird, daß man also diese Instrumente nicht mit Reger oder gar Sweelinck oder Buxtehude mißt.
Die Windladen geben uns bis auf wenige Ausnahmen keine außergewöhnlichen Probleme gegenüber den Windladen des 16. und 17. Jahrhunderts auf. Die Windladen der ersten Hälfte des 19. Jahrhunderts sind in der Regel handwerklich sehr sorgfältig gearbeitet, manchmal viel sorgfältiger als z.B. die von Arp Schnitger. Die Konstruktion, die Verbindung der Rahmenteile, das Einsetzen der Schiede, die Verspundung usw. ist in einer handwerklich sehr überlegten und auch sehr sauberen Art und Weise vorgenommen worden, daß eigentlich, wenn z.B. durch Heizen bedingte Risse durch Neuverleimen beseitigt sind, keine besonderen Probleme auftreten. Schwierigkeiten haben wir oft mit der Qualität der Materialien. Es wird nebeneinander oder zugleich miteinander in einer Windlade hochwertiges Eichenholz und Weichholz – Kiefer oder Fichte – verwandt. Das führt manchmal zu Situationen, bei denen wir heute wirklich ratlos dastehen.
Unser Prinzip bei der Wiederherstellung von Windladen ist eigentlich folgendes: Die Kirchenheizung und die klimatischen Verhältnisse müssen so in Ordnung gebracht werden, daß im Orgelbereich, vor allem im Bereich der Windladen, tolerable Temperaturen und Feuchtigkeitsverhältnisse auftreten. Das ist die conditio sine qua non. Wenn das nicht gewährleistet ist, fangen wir überhaupt keine Restaurierung an. Das muß durch unabhängige Sachverständige, also nicht durch Architekten oder Heizungsfirmen, in einem Gutachten festgelegt werden, damit später – wir haben ja schließlich bereits Millionen dafür bezahlt – Regreßansprüche möglich sind.
Nach einem zuweilen erforderlichen Abrichten versuchen wir, die Belederung so wiederherzustellen, wie sie original war. Das gilt auch für die Verleimung, natürlich nicht mit Warmleim, sondern mit Kaltleim, gegen dessen Verwendung in die-

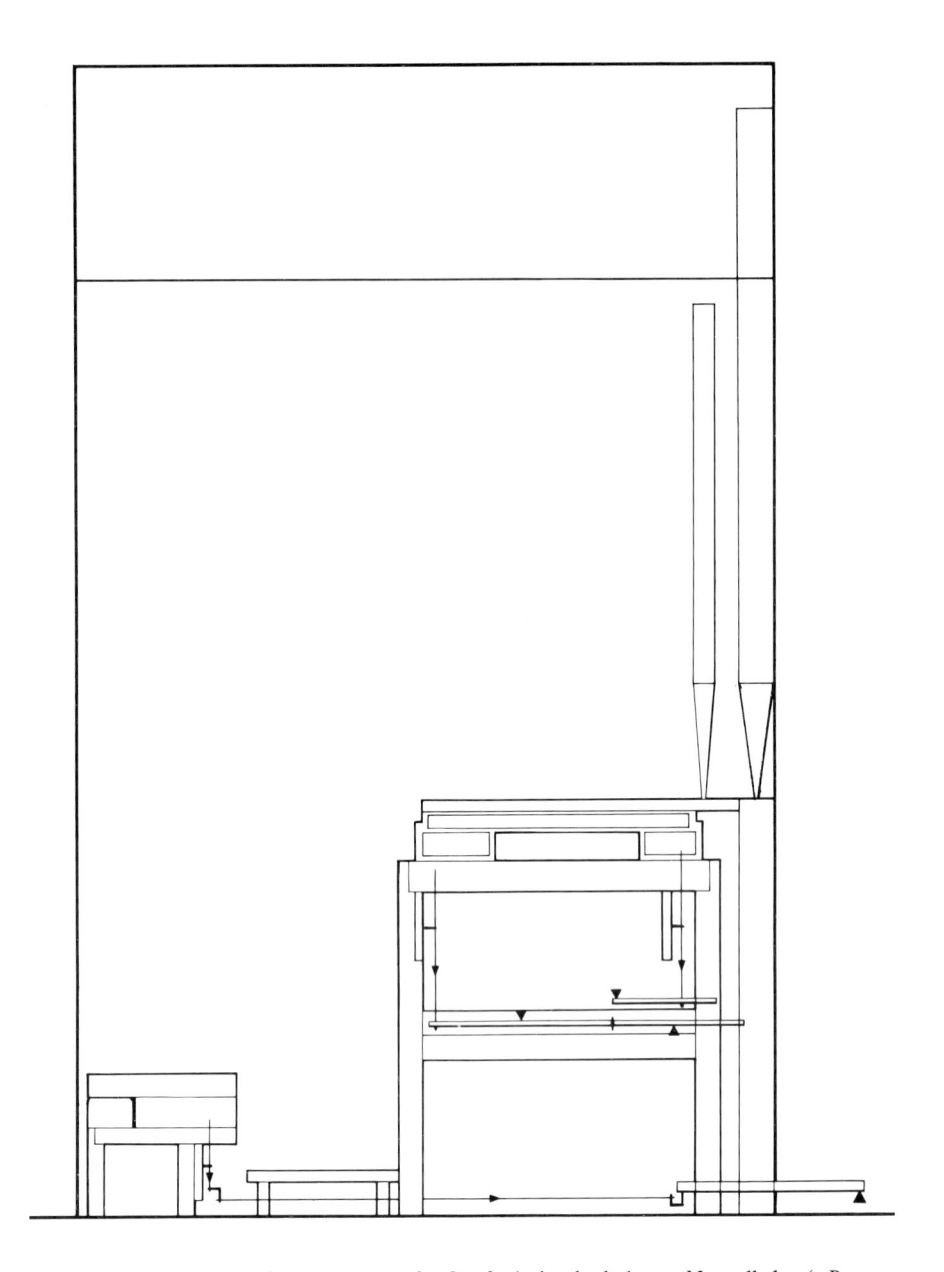

Abb. 12: Querschnitt durch eine *Furtwängler-Orgel* mit durchschobenen Manualladen (z.B. *Altenhagen* und *Geversdorf*)

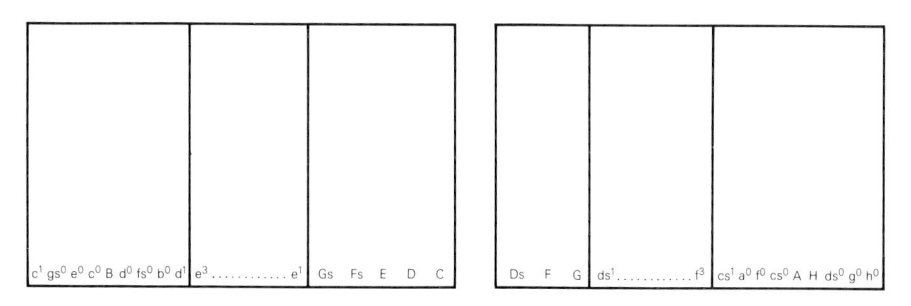

| c¹ gs⁰ e⁰ c⁰ B d⁰ fs⁰ b⁰ d¹ | e³ .... e¹ | Gs | Fs | E | D | C | Ds | F | G | ds¹ .... f³ | cs¹ a⁰ f⁰ cs⁰ A H ds⁰ g⁰ h⁰ |

Abb. 13: Kanzellenteilung der Orgel in *Altenhagen* (von hinten)

sem Bereich keine Bedenken bei uns bestehen. Wir machen also dem Orgelbauer zur Auflage, die Windlade so zu restaurieren, daß sie ohne zusätzlich eingebrachte Dichtungselemente funktioniert. Allenfalls tolerieren wir reversible Maßnahmen, d.h. z.B. Aufbringen von Lederscheibchen um die Schleifenbohrungen in den Laden und um die Stockbohrungen. Das ist das, was wir heute als Extrem zulassen, und was sich auch in der Praxis bislang bewährt hat; ich kann nur sagen: bislang! Aber wo wir wirklich völlig mit unserem Latein am Ende sind, das sind solche Windladen, wie ich sie eben beschrieben habe, aus verschiedenen Hölzern unterschiedlicher Qualität wie etwa bei Engelhardt. Dort kommen wir leider nicht ohne Teleskophülsen aus. Wir müssen sonst das originale Material beim Abrichten in einer derartigen Weise schinden, daß uns das nicht mehr zu verantworten scheint. Da sind wir dann etwas großzügiger, erhöhen die Dämme entsprechend und setzen die Teleskophülsen ein. Wir tun das sehr, sehr ungern und nur in solchen Fällen, bei denen keine andere Möglichkeit mehr besteht. Wir haben erkannt, daß in der Praxis das Pfeifenwerk und der Klang nicht hörbar beeinträchtigt werden.

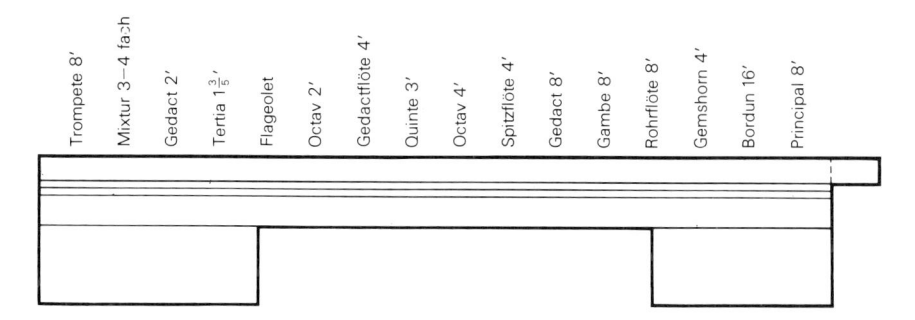

| Trompete 8' | Mixtur 3–4 fach | Gedact 2' | Tertia 1 3/5 | Flageolet | Octav 2' | Gedactflöte 4' | Quinte 3' | Octav 4' | Spitzflöte 4' | Gedact 8' | Gambe 8' | Rohrflöte 8' | Gemshorn 4' | Bordun 16' | Principal 8' |

Abb. 14: Registeraufstellung der Orgel in *Altenhagen*

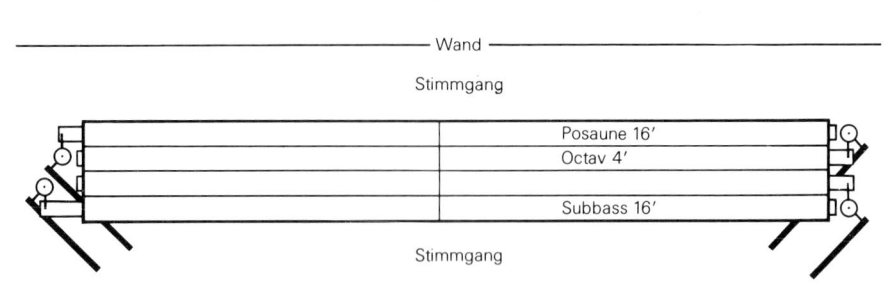

```
                        Bälgekammer

─────────────────────── Wand ───────────────────────

                         Stimmgang
      ┌─────────────────────┬──────────────────────┐
      │                     │   Posaune 16'        │
      │                     │   Octav 4'           │
      │                     ├──────────────────────┤
      │                     │   Subbass 16'        │
      └─────────────────────┴──────────────────────┘
                         Stimmgang
```

Abb. 15: Schleifenteilung der Pedallade in *Altenhagen*

Entsprechend der engen Beziehungen zwischen Windversorgung und Windladen gibt es einen Zusammenhang zwischen Ventilkonstruktion und Traktur. Sie wissen, daß im 19. Jahrhundert die Praxis unterschiedlich war. Von dem im klassischen Orgelbau anzutreffenden Prinzip, daß die Ventile mit ihrer doppelten Lederschicht, mit der sie belegt sind, hinten an der Windkastenoberseite auch fest angeklebt sind, ging man ab; man stiftete sie an. Es gibt da auch verschiedene Mischformen, aber ich beschränke mich der Einfachheit halber auf diese beiden Möglichkeiten.

Wir haben eine ganze Reihe von späteren Reparaturen angetroffen, bei denen man in bester Absicht, um Heuler zu vermeiden, und um das Ventil leichter herausnehmen zu können, diese Anschwänzungen beseitigt und das Ventil angestiftet hat. Das ist nur in sehr seltenen Fällen und bei sehr, sehr guter Materialwahl und Ausführung eine beständige Sache. Wir haben festgestellt, daß sich dies auf die Traktur ungünstig auswirkt, insbesondere, wenn das Ventil nicht nur beledert, sondern auch noch befilzt war, um das leidige Klappern, was ja kein Mensch gerne haben will, nach Möglichkeit zu beseitigen. Das führt zu unliebsamen Federspannungen, weil die Andruckfläche nicht mehr so einfach zu beherrschen ist, die Kräfte sich nicht mehr so einfach von der Feder auf die Ventilfläche übertragen. Das bedingt eine schwere Spielart, die dann wieder zur Folge hat, daß es an anderen Stellen rasselt und klappert, an Stellen, wo es früher nie geklappert hat. Deshalb messen wir diesem Punkt besondere Bedeutung bei.

Wir versuchen zunächst, die Auflagefläche der Ventile, die meistens Papier oder Karton ist, an der Ladenunterseite in der Windstube so gut wie möglich abzurichten, bekleben sie wieder mit Karton oder Papier und begnügen uns dann mit der originalen Auflage von doppeltem Leder. Dieses Leder muß natürlich von sehr guter Qualität sein, sowohl hinsichtlich seiner Gerbung, weil es mit Metall und Leim in Berührung kommt, als auch vor allem hinsichtlich seiner Gleichmäßigkeit. Solches Leder ist nicht so ohne weiteres zu bekommen, und es ist klar, daß sich hier das Ausweichen auf moderne Industrieprodukte anbietet. Dagegen würden wir nichts haben, wenn ihre Lebensdauer und ihre Sicherheit erwiesen wären.

Abb. 16: Manuale und Traktur des Positivs in *Altenhagen*

Es gibt noch einen weiteren Gesichtspunkt, der uns bei der Windlade beschäftigt, dann aber auch wieder zur Traktur führt. Sie haben schon Gelegenheit gehabt, die eigenartige Anlage der Furtwängler'schen Trakturen kennenzulernen. Ich denke vor allem an den mittleren und kleineren Orgeltyp, den er in der Regel mit einer Doppellade oder einer durchschobenen Lade für die beiden Manualwerke und der dahinter abgesetzten diatonisch aufgeteilten Lade für das Pedalwerk baute. Die Traktur für das obere Manual läuft über ein Wellenbrett, das gleich hinter der Klaviatur angebracht ist. Die Traktur des unteren Manuales läuft zu einem hinteren Wellenbrett über eine Wippe. Diese Wellenbretter sind oft beseitigt worden, weil man ihnen das Klappern nicht abgewöhnen konnte. Ich glaube, eine der Ursachen für das Klappern liegt in dem, was ich vorhin hinsichtlich der Behandlung der Ventile sagte. Eine andere Ursache liegt natürlich auch in der

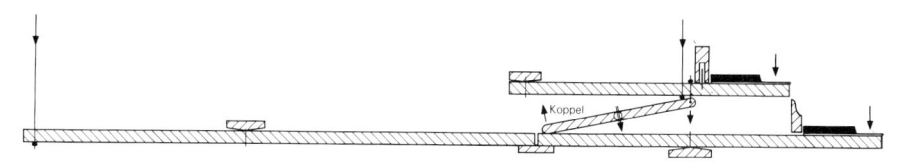

Abb. 17: Schematische Darstellung der Spieltraktur und der Manualkoppel in zweimanualigen *Furtwängler*-Orgeln (z.B. *Altenhagen* und *Geversdorf*)

Abb. 18: Wellenbrett zum Hauptwerk in *Altenhagen*

Bemessung des Ventilaufganges. Es sind manchmal bei Umbauten dieser Instrumente die Ventilaufgangsverhältnisse verändert worden. Sie werden festgestellt haben, daß ein Instrument wie dieses hier in Altenhagen in seinem zweiten Manual durchaus kammermusikalisch intoniert ist und auch von der Windversorgung her so behandelt war. Wollte man nun aus diesem Nebenwerk, wie es musikalisch aufgefaßt werden muß, ein Gegenwerk im klassischen oder barocken Sinne machen, dann mußte man natürlich ganz andere Windverhältnisse schaffen, und das ging,

weil gewisse konstruktive Grenzen gesetzt sind, am einfachsten durch die Änderung des Ventilaufganges. Dann hat das Spiel einen Überzug bekommen, oder man hat Übersetzungen hineingebracht, und daraufhin fing die Klapperei an.
Ein anderes Problem ist natürlich die Bauart der Wellenbretter oder Wellenrahmen. Es ist eine Tafel, meistens aus Nadelholz oder Eiche, auf der die sehr feinen, an die besten italienischen Orgeln gemahnenden Wellen aus Eisen sitzen, deren Enden umgebogen und flach geschmiedet sind, in die die Traktur mit ihren Drähten eingreift. Sie wissen, daß Philipp Furtwängler für die Organisten ein relativ großzügiges hohes Notenpult und eine gar nicht mal so schlechte Lage des oberen Klaviers gewählt hat. Dadurch war er gezwungen, im Unterbau – zumal das Regierwerk da noch durchläuft – eine relativ enge Teilung dieser Wellenbretter vorzunehmen. Da die Laden durch die doppelten Kanzellen sehr lang sind, ergaben sich sehr lange Wellen. Nun kommt das eigentliche Problem: Die Wellen sind in Krampen gelagert; das sind umgeschmiedete, dicke Drähte, in denen die Wellen ohne jegliche Polsterung laufen. Furtwängler war aber technisch doch recht versiert und hat diese Wellen an den Stellen, wo sie auf den Krampen aufschlagen und Rasselgeräusche verursachen könnten, mit Federn unterfangen. Nun ist leider beim Unterhalt der Orgel auf diese Federn oft nicht genügend Bedacht genommen worden, und sie erfüllen infolge Materialmüdung nicht mehr richtig ihre Aufgabe. Beim Restaurieren sehen wir sehr genau darauf, daß die Krampen in Ordnung sind. Man hat auch durch zu tiefes Einschlagen der Krampen versucht, das Klappern zu beseitigen. Wir mußten alle mühsam wieder hervorziehen, so daß genügend Toleranz herrschte, und die Federn mußten in Ordnung gebracht oder erneuert werden. Wir mußten eventuell die Wellen an manchen Stellen vorsichtig unterstützen. Es geschah mit kleinen, nicht ummantelten, glatten, dünnen Stahlstiftchen, die die Welle tragen. Das hat sich gut bewährt.
In der Mechanik ist nichts ausgetucht; die Verbindungen gehen Draht auf Metall. Die einzigen Austuchungen finden sich im Klaviaturbett. Die Restauration ist einzig und allein eine Frage der Geduld und der Sorgfalt und des Studiums der beim jeweiligen Instrument sich vollziehenden mechanischen Vorgänge. Wichtig sind die genauen Größenverhältnisse. Wir haben manchmal Schiffbruch erlitten, indem wir Reibungsvorgänge, Abrollvorgänge und, wie man das sonst noch nennen mag, aus anderen Größenverhältnissen, mit anderen Wegen, mit anderen Kräften zu übertragen versuchten. Wir dachten, das müsse dann auch hier stimmen. Das stimmt absolut nicht, sondern es geht nur am jeweiligen Objekt. Und das ist mit eine der schwierigsten Aufgaben bei der Wiederherstellung solcher Instrumente. Aber man lernt natürlich auch hinzu, und die Orgelbauer tauschen hier – ich hoffe jedenfalls, daß das noch so ist – ihre Erfahrungen auch aus, besuchen sich, gucken sich die Arbeiten anderer an. Da gibt es keine Geheimnisse. Voraussetzung ist, daß man das Instrument als solches akzeptiert, daß man nicht versucht, ihm etwas Fremdes, besondere Wünsche unserer Zeit, die ihm nicht angemessen sind, aufzudrücken. Dazu gehören die etwas ungünstigen Abstände der Klaviaturen. Die Abstände vom Obermanual zum Untermanual sind erheblich größer als im heutigen Orgelbau oder auch bei älteren Orgeln. Dazu kommt auch die unglückliche Lage des Pedals. Da kann man nicht viel machen.
Dann möchte ich Ihnen noch etwas zur Behandlung des Pfeifenwerkes sagen. Im Eingang sagte ich Ihnen, daß wir nach ganz bestimmten Methoden vorgehen. Auf dem Wege der geschichtlichen Erforschung stoßen wir, wenn wir Glück haben,

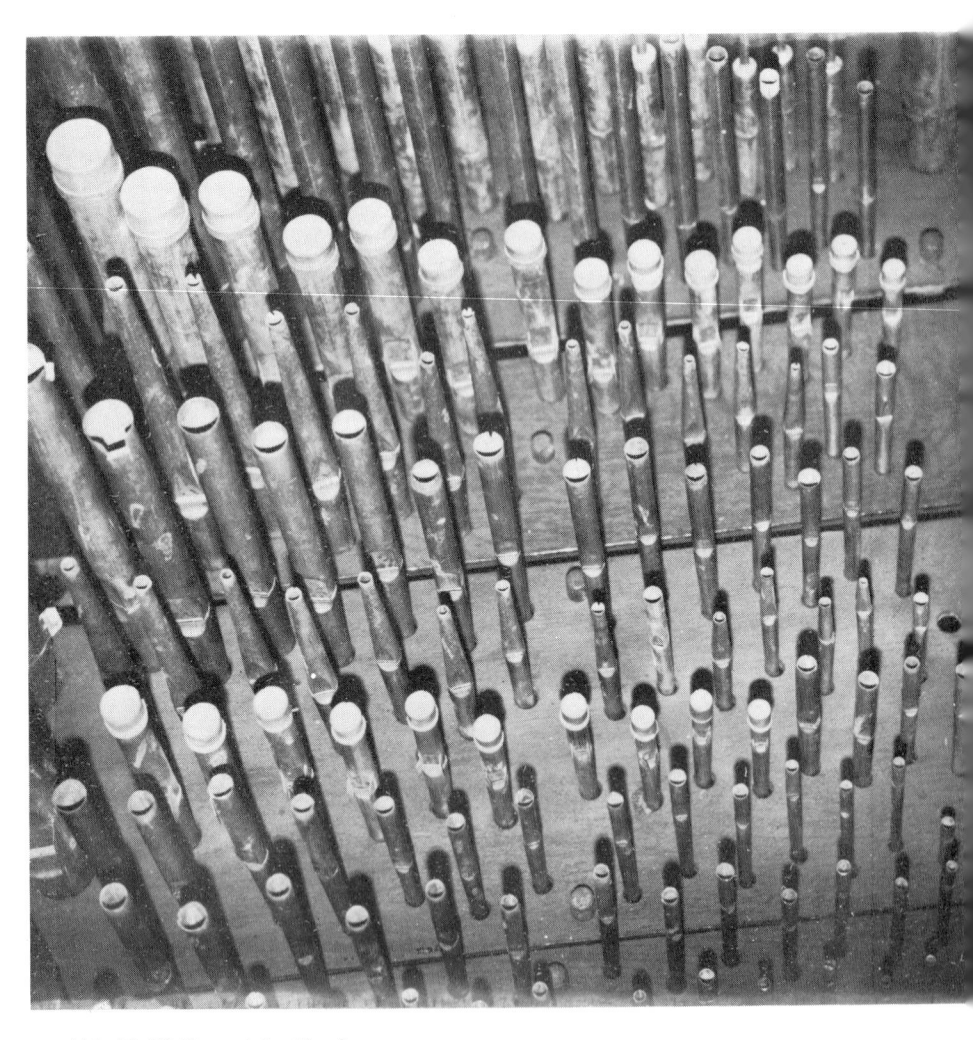

Abb. 19: Pfeifenwerk in *Altenhagen*

auf die originale Disposition. Diese vergleichen wir mit der Bestandsaufnahme des Instruments und sind froh, wenn sich nichts geändert hat. Hier in Altenhagen ist prinzipiell nichts geändert worden, die Prospektpfeifen waren im 1. Weltkrieg abgegeben worden. (Geversdorf ist dem entgangen; dort sind die Prospektpfeifen als einige der wenigen noch da). Wir haben diese Prospektpfeifen in der stark angenäherten Legierung und in der Mensur einer vergleichbaren Orgel rekonstruiert. Als Mensur haben wir die Prospektpfeifen Philipp Furtwänglers von Suderbruch zugrun-

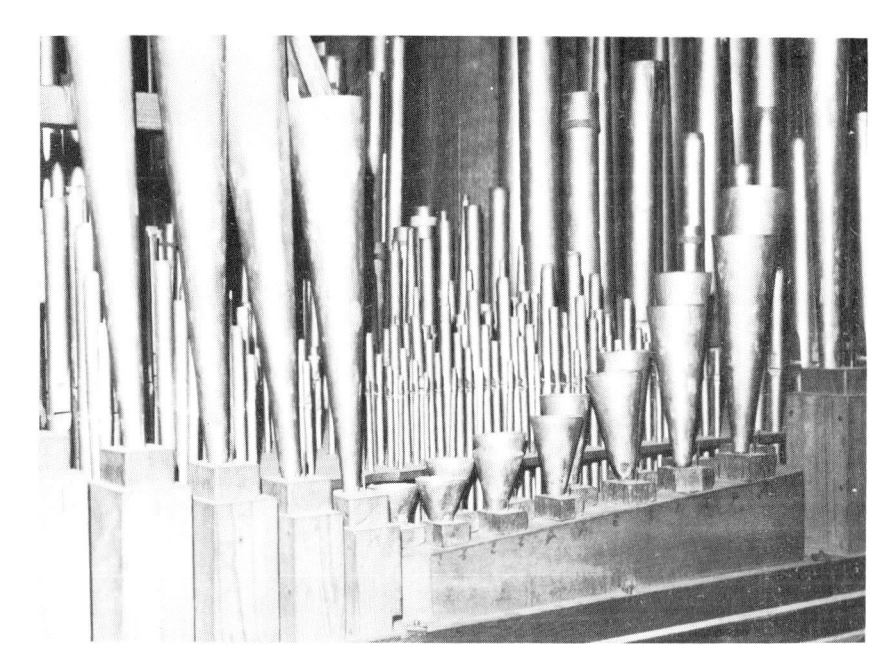

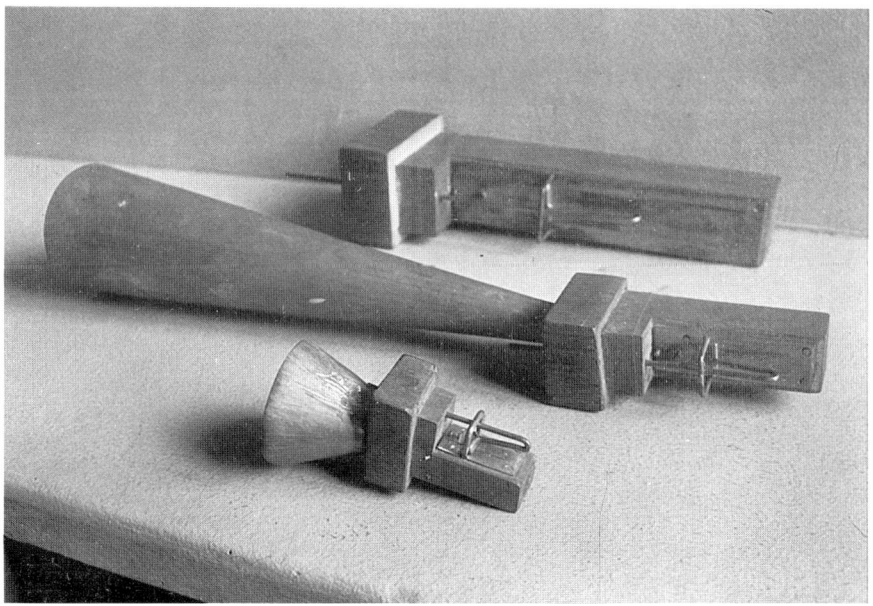

Abb. 20 und 21: Trompete 8' der Orgel in *Altenhagen*

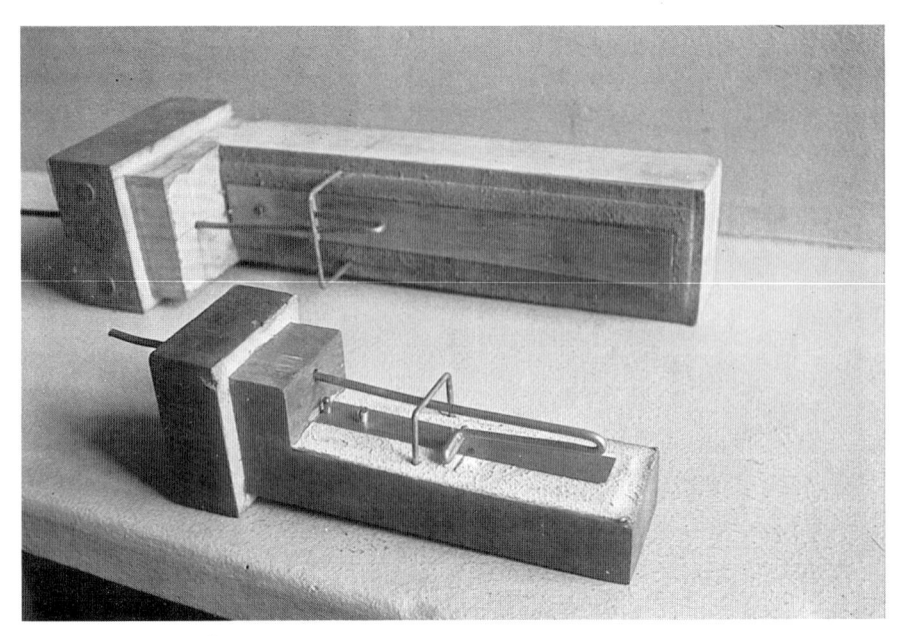

Abb. 22: Posaune 16' der Orgel in *Altenhagen*

degelegt. Probleme ergeben sich vor allem bei der Beibehaltung oder Rekonstruktion von Zungenstimmen. Wir haben hier die Fragen erörtert, ob man eine Trompete 8', wie sie Philip Furtwängler gebaut hat, wohl belassen könnte. Denn für alles, wofür wir in der klassischen Literatur Trompeten gebrauchen, ist sie eigentlich kaum zu verwenden. Sie wirkt hauptsächlich im Plenum, ist vielleicht in der Baßlage noch für einen cantus firmus, abgedeckt mit etwas anderem, zu verwenden. Sie hält schlecht Stimmung, sie ist eine unglückselige Konstruktion. Wir haben uns dennoch entschlossen, sie zu säubern, die Teile wieder anständig in ihren Verhältnissen zueinander zu bringen, d.h. Sitz der Kehlen, Sitz der Zungen, Sitz der Becher, Gängigkeit der Krücken usw. zu regulieren. Wir haben festgestellt, daß die Stimmung dann recht gut hält. Aber hinsichtlich Eleganz der Ansprache können wir nicht das erwarten, was man von einer Trompete allgemein erwartet. Wir fühlten uns aber nicht berechtigt, Änderungen anzubringen. Es ist strengster Respekt auch vor Sachen geboten, die uns, ich will gar nicht mal sagen, nicht gefallen, sondern die wir auch für nicht ganz funktionstüchtig halten.
Anders gelagert waren die Aufgaben in Geversdorf. Dort hatten wir neue Register zu rekonstruieren, die bei einem Umbau in den ersten Dezennien dieses Jahrhunderts verändert worden waren. Diese Register mußten natürlich entfernt werden, zumal sie auch eine Beeinträchtigung der musikalischen Möglichkeiten dieses Instruments in seiner Art, wie es konzipiert war, darstellten. Es ist bei Philipp Furtwängler, wenn man seine Werke studiert, relativ einfach, die Mensuren zu rekonstruieren. Das unterscheidet ihn sehr wesentlich von anderen Orgelbauern dieser Zeit. Denn er betont mit Stolz schon bei der Bewerbung um diesen Orgelbau und

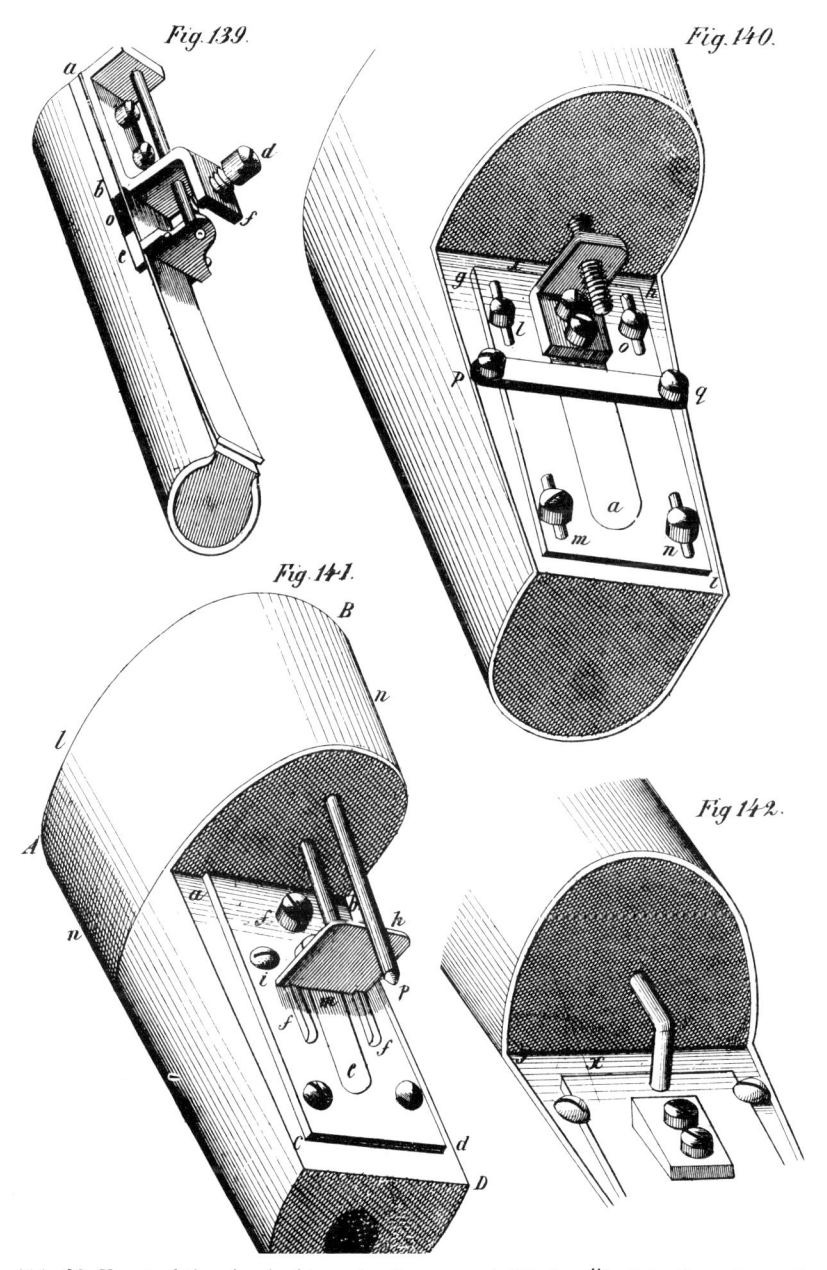

Abb. 23: Konstruktion durchschlagender Zungen nach *Töpfer*. Ähnliche Bauweisen mögen *Furtwängler* als Vorbild für den Bau aufschlagender Zungenstimmen gedient haben.

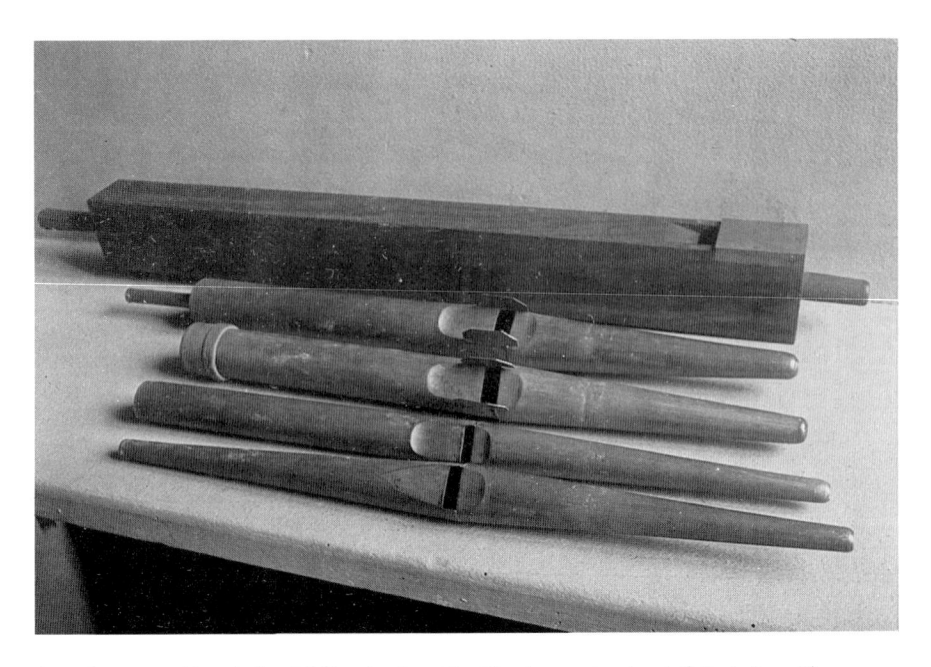

Abb. 24: Auswahl typischer Pfeifen der Orgel in *Altenhagen*: Bordun 16', Rohrflöte 8', Gedact 8', Octav 4', Spitzflöte 4'

in den Kostenanschlägen: „Ich mache die Mensuren nach den musikalisch-theoretischen Prinzipien des Herrn Prof. Töpfer in Weimar". Wir wissen, welche Theorie Töpfer zugrunde gelegt hat, und wir wissen auch, daß Philipp Furtwängler bestimmte Normmensuren verwendet hat, so daß wir durch Vergleiche keine große Schwierigkeiten gehabt haben.

Womit wir in Geversdorf Schwierigkeiten gehabt haben, ist leider sein Pfeifenmetall. Die bekannten Mangelerscheinungen an älteren überkommenen Pfeifen sind entweder mechanischer oder chemischer Art. Wir haben bei Philipp Furtwängler gelegentlich in seiner frühen Zeit, in hohem Maße um 1850 bis etwa 1855, erhebliche chemische Beeinträchtigungen der Pfeifen, und zwar solche, die sich für uns in einer Art Versprödungseffekt darstellen. Diese Versprödungseffekte kommen nicht etwa von außen her, sondern entwickeln sich im Innern der Pfeifenplatte und wachsen je nachdem, wie die Platte gewendet ist, nach innen oder außen durch. Manchmal sind sie von außen gar nicht zu erkennen. Das ist eine Zerstörung oder Umwandlung des kristallinen Gitters, die auf verschiedene Ursachen zurückgehen kann, die sich aber praktisch so auswirkt, daß die Pfeife allmählich immer weiter zerbricht. Das Tempo des Prozesses ist nicht mit Sicherheit vorauszusagen; das ist lokal verschieden und hängt vielleicht auch von klimatischen Einflüssen ab. Mit diesem Problem haben wir große Schwierigkeiten. Die Zerstörung findet sich im ganzen Bereich der Pfeife, sowohl oben als auch unten. Aber die kritischen Stellen sind Fuß und Mündung. Beide Teile der Pfeife werden bei der Pflege so stark beansprucht, daß in diesem Fall eine Pflege sogar begrenzt oder unmöglich gemacht wird. Die Pfeifen reißen an der Mündung, und zwar in einer Weise — das gibt es auch bei schlecht gestimmten oder brutal gestimmten älteren Pfeifen aus Zinn-Blei-Legierungen mit den normalen Ingredienzen, wenn Verschmutzungen drin sind —, daß sie sich nicht wieder löten lassen. Man kann sie im besten Fall überschmieren mit Lot, aber Sie können sie nicht wieder löten. Und das ist natürlich an der Mündung gefährlich.

Sie finden vielleicht bei Ihrer Besichtigung die eine oder andere Pfeifenreihe, die Stimmringe trägt. Das ist oft die einzige Methode, um die Pfeife überhaupt noch stimmfähig zu halten. Aber was nutzt Ihnen das? Sie können nicht eine ganze Orgel hindurch mit Stimmringen ausstatten. Das ist technisch unmöglich. Dann kommt das Problem der Fußverformung. Der geringste Druck, den wir naturgemäß beim Stimmen mit einem noch so günstigen und so behutsam gehandhabten Horn erreichen, staucht den Fuß. Das Gleiche geschieht beim Körper. Beim Körper dauert die Verformung etwas länger, weil das Labium beim Stimmen nachgibt. Diese Fragen haben uns in Geversdorf, dort zwar nicht im großen Maße, aber doch bei einzelnen Pfeifen beschäftigt. Die Zerstörung ist aber in Buxtehude in einem so hohem Maße vertreten, daß es zu der Entscheidung geführt hat, die Sie z.T. nicht akzeptieren. Sie sollen nur wissen, daß wir uns das genau überlegt haben. Was nutzt uns eine Furtwängler-Orgel, für die wir praktisch das Pfeifenwerk neu machen müßten? In Gronau werden Sie einen wesentlich besser erhaltenen Zustand sehen, vor allem eine Orgel mit wesentlich günstigeren Bedingungen.

Aber auch die „normalen" Pfeifen Philipp Furtwänglers, die aus der üblichen Zinn-Blei-Legierung bestehen, haben ihre Probleme. Furtwängler verwandte verhältnismäßig saubere Metalle, was natürlich nicht immer ein Vorteil ist, sondern sich hier in der Stabilität nachteilig auswirkt. Daneben ist uns eine Beobachtung wichtig gewesen. Wir fanden oft bei der Pflege die berüchtigten Hamsterbacken an den Labien, und zwar bei restaurierten Pfeifen auch. Die meisten Orgelbauer der Frühromantik arbeiten noch mit nicht verjüngenden Wandstärken. Philipp Furtwängler zwar nicht mehr in diesem Maße, aber die übrigen wie Engelhardt, Meyer und Euler verwenden diese Technik, zumindest bis zum $3'$, wenn nicht bis in die $2'$-Lage hinein. Man darf da nicht die geringsten Abweichungen tolerieren, weil sich das sonst auf die Dauer für den Bestand der Pfeifen nachteilig auswirkt. Man sollte auch nicht in einem falschen Eifer — man kann es meistens an der Art der Schnitte erkennen — Stimmvorrichtungen leichtfertig beseitigen, die, wenn auch nur mutmaßlich, von Furtwängler herrühren, sofern sie nicht zu einer Beeinträchtigung der Pfeifenansprache oder des stationären Klangs führen. Ebenso soll man auch Bärte nicht beseitigen, wenn sie nicht offensichtlich in jüngerer Zeit unter falschen Bedingungen, z.B. bezüglich der Windlade, hinzugefügt worden sind. Die Alten waren da nicht so schematisch, sondern sie haben das je nach Bedarf getan. Ich habe jetzt gerade das Pfeifenwerk der Schnitger-Orgel von Cappel bis zur letzten Pfeife eingehend untersucht, und Sie werden sich wundern, was da alles für Abweichungen von der Regel festzustellen sind. Das gilt schon für die alte Zeit, man kann das da sehr einfach unterscheiden. Wir haben gelernt, daß wir mit solchen Pfeifen sehr vorsichtig sein müssen.

DISKUSSION

Paschen: Wann ist der Versprödungseffekt zum ersten Mal festgestellt worden?
Winter: Wir haben ihn in Buxtehude festgestellt.
Pape: Lüthorst ist ein ähnlicher Fall: die Orgel ist 1850 gebaut worden.
Winter: Ja, sehen Sie, wir haben natürlich nicht alle Instrumente aus dieser Zeit untersucht, aber mir schien die Zeit um 1850 eine kritische Zeit zu sein.
Paschen: Ist vielleicht festgestellt worden, daß heutige Abgas- oder ähnliche Einflüsse eine Rolle spielen?
Winter: Nein, dafür ist das zu alt. Es scheinen, wenn ich es Ihnen richtig wiedergebe, eher Klimaverhältnisse zu sein.
Pape: Eine Bemerkung zu dem Unterschied zwischen Geversdorf und Buxtehude: Bei Buxtehude ist es erwiesen, daß es eine Zink-Blei-Legierung ist. Das ist aber in der frühen Zeit noch nicht nachweisbar. Ich vermute, daß bei Geversdorf eine andere Situation vorliegt, eine andere Metallunreinheit als bei den Orgeln in Apensen, Lüthorst usw.
Winter: Ja, es kann aber auch eine Ungeschicklichkeit beim Gießen sein, daß die Temperatur nicht richtig gewesen ist.
Pape: Bei Geversdorf, ja, bei den späteren Orgeln würde ich eher ein metallurgisches Problem sehen.
Eickhoff: Kann man das nicht analysieren?
Winter: Ja, das ist gemacht worden mit Schliffbildern und allem möglichen.
Eickhoff: Ich vermute auch andere Metalle, Antimon z.B.
Winter: Das ist kaum drin in Buxtehude. Das sind relativ reine Pfeifen verglichen mit denen des 18. Jahrhunderts, die Verunreinigungen in einer breit aufgefächerten Palette von Möglichkeiten aufweisen. Aber mir scheint fast eher noch, daß mit Ausnahme von Fremdmetallen, die als Altmetalle mit eingeschmolzen wurden, dort auch Fehler in der Gießtechnik vorlagen. Aber welche, das kann ich nicht sagen.
Pape: Eine Frage zu Schaper, und zwar zu den von ihm umgebauten Orgeln: Erreichen wir irgendwann den Zeitpunkt, an dem veränderte Barockorgeln als Dokument erhalten werden, die von Schaper in manchmal recht sinniger Weise umgebaut worden sind, wo z.B. ein 2. Manual hinzugefügt worden ist, und wo er freie Kombinationen eingebaut hat?
Winter: Ja, wir tun es in der Regel dann – Schaper ist manchmal brutal vorgegangen – , wenn er dadurch die Mechanik der ursprünglichen Orgel so geschädigt und beeinträchtigt hat, daß der Wert des Instrumentes als solches sehr in Frage steht. Aber genügend Dokumente werden sich bestimmt noch finden lassen.
Jäger: Kann ich mir noch den Hinweis erlauben auf eine Bethmann-Orgel in Jeinsen, von der der Prospekt und auch noch allerhand Pfeifen erhalten sind. Auch eine ziemlich original erhaltene Meyer-Orgel, einmanualig, steht in Hüpede, wo auch das Principal 8' noch erhalten ist.
Winter: Ja.
Pape: Sie hatten vorhin ganz kurz im Rahmen der Restaurierung der Zungenstimmen auf die Problematik der Furtwänglerschen Zungen hingewiesen. Sie sind dann aber nicht eingegangen auf die Trompete im Pedal der Orgel in Geversdorf. Können Sie dazu vielleicht noch etwas sagen?
Winter: Ja, das geht ganz kurz. Die Trompete im Pedal ist eine Nachempfindung

des Orgelbauers. Wir haben nämlich keine Pedaltrompete mehr, Pedaltrompeten in vergleichbarer Weise.
Pape: In Lüthorst existiert noch der Ersatzzug mit der Fortsetzung der Posaune 16' als Trompete 8'.
Winter: Ja, aber das war ein Sonderfall. Eine reine, vergleichbare Trompete 8' für das Pedal hatten wir nicht. Die in Geversdorf ist also eine Nachempfindung, wie es wohl hätte sein können, unter Berücksichtigung der handwerklichen Prinzipien Philipp Furtwänglers. Bei der Trompete im Manual haben wir uns hier in Altenhagen angelehnt.
Pape: Das heißt, Sie haben eine Art Mittelwert zwischen Manualtrompeten- und Posaunenmensur gewählt.
Winter: Ja, genau so ist es.
Schütz: Was tun Sie zur Erhaltung von verwurmten Windladen?
Winter: Gott sei Dank haben wir damit wenig Erfahrung. Wir haben nur partielle Erfahrungen, weil wir keine Windladen haben, die ganz aus Weichholz gebaut sind. Zumindest der Rahmen und die Spunde sind in der Regel bei uns aus Hartholz, ich wüßte jetzt jedenfalls kein gegenteiliges Beispiel. Sie kennen die Möglichkeiten, die Xylamon bietet. Das geht bis zu der Grenze, wo das Material in Plastik übergeht. Wenn wir an diese Grenze gelangen, müssen wir die Lade durch möglichst gut dem Original entsprechendes Holz ersetzen. Die Probleme mit diesen Weichholzladen finden Sie bei italienischen Orgelbauern häufiger.
Schütz: Na, einen gotischen Flügelaltar wirft man ja auch nicht weg.
Winter: Hier ist natürlich ein gewisser Unterschied doch gegeben, bei aller Intoleranz, die man mir auf diesem Gebiet sonst so gern nachsagt, da würde ich doch auch lieber einen Spund opfern.
Schütz: Ja, einen Spund, aber nicht die ganze Lade.
Winter: Nein, das nicht. Aber wissen Sie, das wäre natürlich leichter. Das geht auf das Problem, was ich anfangs bei der Auswahl der Orgelbauer ansprach. Es bleiben einem Orgelbauer, bei dem die Arbeit mit Holz, und zwar mit gewachsenem Holz, nicht zum täglichen Brot gehört, nur solche Endlösungen. Wie will er denn das überschauen? Das Ganze ist doch viel zu riskant. Man weiß ja gar nicht, wie das ausgeht. Es ist leider so, daß viele Orgelbauer das einfach nicht mehr können. Deshalb wird der Kreis der Leute, die sich damit befassen und damit auch erfolgreich arbeiten können, immer kleiner. Das ist eine unserer größten Sorgen.

Abb. 25: Glockenspiel der Orgel in *Altenhagen*

Dispositionsprinzipien Philipp Furtwänglers (mit Vergleich zu Prinzipien anderer Orgelbauer im hannoverschen Raum)

von UWE PAPE

Philipp Furtwängler verband in seinen Instrumenten klassische Bauprinzipien mit eigenwilligen Gestaltungsideen. Historischer Bezug und Eigenwilligkeit kommen nicht nur in der technischen Anlage zum Ausdruck, auch die Disposition als Grundelement klanglicher Vorstellungen macht die Charakterzüge des Orgelbaus aufs Beste deutlich.

Die Vielfalt der Dispositionsprinzipien wurde von mir 1974 in einem Beitrag in Acta Organologica dargelegt. Es hieße Eulen nach Athen tragen, wollten wir hier diese Prinzipien noch einmal in aller Ausführlichkeit erörtern und diskutieren. Die Komplexität der Dispositionsstrukturen einerseits, die Einheitlichkeit, ja geradezu Uniformität andererseits hat mich jedoch bewogen, diese Thematik hier noch einmal in einer etwas vereinfachten Form darzulegen, mit dem Ziel, Ihnen die wesentlichen Merkmale deutlich zu machen. Wenn Sie bedenken, wie relativ einfach die Mensurvorstellungen Furtwänglers waren, dann werden Sie nach dem Referat mir auch zustimmen können, daß eine einfache, klar angelegte Klangkonzeption (wie auch bei vielen Orgelbauern der Barockzeit) Ausdruck eines konsequenten realisierten Klangideals sein kann.

1. Einmanualige Orgeln
Angesichts der beschränkten Möglichkeiten bei einmanualigen Orgeln unterscheiden wir zwei Grunddispositionen: 1 A und 1 B. Dabei ist die Größe des Prospektregisters — Principal 4' oder Principal 8' — maßgebliches Unterscheidungsmerkmal.

(Die Dispositionen 1 A und 1 B und deren Varianten sind auf Seite 62 wiedergegeben).

Die weitaus größere Zahl geplanter und gebauter Orgeln hatte ein Principal 8' im Prospekt. Die entsprechende Grunddisposition 1 B wurde von Furtwängler in mannigfacher Weise verändert, jedoch ohne den Kern anzutasten. Die wichtigsten Möglichkeiten, die sich in Kostenanschlägen und Verträgen wiederfinden, sind rechts neben dem Schema 1 B angegeben.

2. Zweimanualige Orgeln
Die zweimanualige Disposition entstand aus der einmanualigen Disposition durch Abzug von Gedact 8' und des Streichers aus dem Hauptwerk und durch Ergänzung dieser beiden Stimmen durch Register der 4'- und 2'-Lage, zuweilen auch der 8'-Lage, zu einem selbständigen Werk.

I A

M
- Octav 8'
- Gedact 8'
- Salicional 8'
- **Principal 4'**
- Flöte 4'
- Octav 2'
- Mixtur

P
- Subbaß 16'
- Octavbaß 8'

I B

- Principal 8'
- Gedact 8'
- Salicional 8'
- Octav 4'
- Flöte 4'
- Octav 2'
- Mixtur 3-fach 1 1/3'
- Subbaß 16'
- Octavbaß 8'

2 A (Orgeln bis ca. 1845)

	Altenhagen 1841	Lafferde um 1841	Geversdorf 1841	Dassel 1844	Dassel 1845
I					
Bordun 16'		+ Quintade 8'		+ Quinte 3'	+ Quinte 3'
Principal 8'				(- Flöte 4')	+ Terz 1 3/5'
Rohrflöte (Hohlflöte) 8'	+ Bordun 16'		+ Flöte 2'	+ Flöte 2'	- Mixtur
		(Gambe 8')	+ Spitzflöte 8'	+ Terz 1 3/5'	+ Trompete 8'
		(Gedactflöte 4', Spitzflöte 4')	+ Gemshorn 4'	+ Trompete 8'	
Octav 4'					
Flöte 4'			+ Flöte		
Octav 2'					
Mixtur 3-fach (4-fach) 1 1/3'			+ Octav 4'		
II Gedact 8'	+ Principal 8'	+ Quintade 8' + Gambe 8'		+ Principal 4'	+ Spitzflöte 8' + Principal 4'
Gambe 8'					
Gemshorn 4'		(Octav 4')			
Gedactflöte 4'		(Spitzflöte 4')			
Flageolet 2'					
	+ Trompete 8'	+ Principal 8'	+ Hohlflöte 8' + Principal 4' + Cornet 3-fach + Quinte 1 1/3'	+ Scharff 3-fach	+ Scharff 3-fach
P					
Subbaß 16'			+ Violon 16' + Bordun 8'		+ Bordun 8'
Principalbaß (Bordun) 16'					
Octav 8'				+ Bordun 8'	+ Bordun 8'
Posaune 16'			+ Trompete 8'		+ Trompete 8'
(Trompete 8', Dulcian 16')					

In früher Zeit galt dieser Gedanke auch für das Schema 1 A, aber im allgemeinen baute Furtwängler zweimanualige Orgeln mit einem Principal 8′ im Prospekt, so daß wir uns auf eine Erörterung des Schemas 1 B − 2 A beschränken können.

Die Gegenüberstellung einzelner Dispositionen macht deutlich, wie das Grundschema um Klangfarben erweitert wird, und in welcher Weise Klangfarben gegeneinander ausgetauscht werden.

Beispiele:
1. Hinzufügen einer Quintade 8′, fortlassen der Quinte 3′
2. Austausch von Gedactflöte 4′ und Spitzflöte 4′
3. Hinzufügen eines Principal 8′ im zweiten Manual. Hinzufügen eines Octav 4′, eventuell unter Fortlassen des Gemshorn 4′
4. Hinzufügen eines Streichers im ersten Manual
5. Hinzufügen einer (engen) Spitzflöte 8′ (ein Streicher im weiteren Sinne) im zweiten Manual und eines Dolce Gedact im ersten Manual
6. Hinzufügen von Principal 4′ und Mixturen im zweiten Manual
7. Hinzufügen von Zungenstimmen im ersten Manual und Pedal, gekoppelt an Erweiterungen im zweiten Manual.

Eine Diskussion einzelner Dispositionen würde im Rahmen dieses Referats zu weit führen. Wir beschränken uns deshalb auf die Darstellung der bedeutendsten Grundschemata und der Beziehungen untereinander.

	2 B (1849–55)			2 C (1853–64)			2 D (1858–64)	
I	Bordun	16′	I	Bordun	16′	I	Bordun	16′
	Principal	8′		Principal	8′		Principal	8′
	Rohrflöte	8′		Rohrflöte	8′		Rohrflöte	8′
				Spitzflöte	8′		Gambe	8′
	Octav	4′		Octav	4′		Octav	4′
	Spitzflöte (Gemshorn)	4′						
				Gedactflöte	4′		Gedactflöte	4′
				Quinte	2 2/3′		Quinte	2 2/3′
	Octav	2′		Octav	2′		Octav	2′
	Mixtur 3(4)fach	2′		Mixtur 3(4)fach	2′		Mixtur 3(4)fach	2′
							Trompete	8′
II	Geigen Principal	8′	II	Geigen Principal	8′	II	Geigen Principal	8′
	Gedact	8′		Gedact	8′		Gedact	8′
	Salicional (Gambe)	8′		Salicional	8′		Salicional	8′
							Spitzflöte	8′
				Gemshorn	4′		Gemshorn	4′
	Gedactflöte	4′						
	Flageolet	2′		Flageolet	2′		Flageolet	2′

P	Subbaß	16′	P	Subbaß	16′	P	Subbaß	16′
	Principalbaß	8′		Principalbaß	8′		Principalbaß	8′
							Bordun	8′
	Octav	4′		Octav	4′		Octav	4′
	Posaune	16′		Posaune	16′		Posaune	16′

Das wichtigste Merkmal der Gegenüberstellung dieser drei Dispositionen, die sich an 2 A anschließen, ist das Hinzufügen eines Geigen Principal 8′ im zweiten Manual mit Verlagerung des Haupt-Streichers (bzw. seines Stellvertreters) in das erste Manual (Spitzflöte 8′, Gambe 8′). Im zweiten Manual erscheint dann ein zweiter, leiser Streicher und der zweite 4′ entfällt. Steht eine Gambe im ersten Manual, dann steht eine Spitzflöte 8′ im zweiten Manual. Die Erweiterung um eine Trompete 8′ im ersten Manual und um ein viertes 8′-Register im zweiten Manual ist an eine Erweiterung um eine zweite 8′-Stimme im Pedal gebunden.

Der Reichtum der Registerauswahl nimmt bei kleineren Dispositionen sowie in den letzten Lebensjahren, vielleicht auch infolge eines vermehrten Einflusses der beiden Söhne, zunehmend ab. Dies wird insbesondere im Registerbestand des zweiten Manuals und Pedals deutlich.

	2 D (1858–64)			2 E (1858–64)			2 F (1861–67)	
I	Bordun	16′	I	Bordun	16′	I	Bordun	16′
	Principal	8′		Principal	8′		Principal	8′
	Rohrflöte	8′		Rohrflöte	8′		Rohrflöte	8′
	Gambe	8′		Gambe (Spitzflöte)	8′		Gambe (Spitzflöte)	8′
	Octav	4′		Octav	4′		Octav	4′
	Gedactflöte	4′		Gedactflöte	4′		Gedactflöte	4′
	Quinte	2 2/3′		Quinte	2 2/3′		(Quinte	2 2/3′)
	Octav	2′		Octav	2′		Octav	2′
	Mixtur 3(4)fach	2′		Mixtur 3(4)fach	2′		Mixtur 3(4)fach	2′
	Trompete	8′						
II	Geigen Principal	8′	II	Geigen Principal	8′	II		
	Gedact	8′		Gedact	8′		Gedact	8′
	Salicional	8′		Salicional	8′		Salicional	8′
	Spitzflöte	8′						
	Gemshorn	4′		Gemshorn	4′		Spitzflöte	4′
	Flageolet	2′						
P	Subbaß	16′	P	Subbaß	16′	P	Subbaß	16′
	Principalbaß	8′		Principalbaß	8′		Principalbaß	8′
	Bordun	8′		Bordun	8′		Bordun	8′
	Octav	4′						
	Posaune	16′						

Die aus dem Grundschema 2 D ableitbaren Dispositionen größerer Orgeln der frühen (1852–1861) und späten (1860–1866) Zeit sind aus den folgenden Schemata zu erkennen:

	2 G (1852–61)			2 D (1858–64)			2 H (1860–66)	
I	Bordun	16'	I	Bordun	16'	I	Bordun	16'
	Principal	8'		Principal	8'		Principal	8'
	Rohrflöte	8'		Rohrflöte	8'		Rohrflöte	8'
				Gambe	8'		Gambe	8'
	Spitzflöte (Hohlflöte)	8'					Hohlflöte	8'
	Octav	4'		Octav	4'		Octav	4'
	Gedactflöte	4'		Gedactflöte	4'			
							Rohrflöte	4'
	Quinte	2 2/3'		Quinte	2 2/3'		Quinte	2 2/3'
	Octav	2'		Octav	2'		Octav	2'
	(Terz	1 3/5'						
	Mixtur 4-fach	2'		Mixtur 3(4)-fach	2'		Mixtur 4-fach	2'
II	Geigen Principal	8'	II	Geigen Principal	8'	II	Geigen Principal	8'
	Gedact	8'		Gedact	8'		Gedact	8'
	Dolceflöte	8'		Spitzflöte	8'		Spitzflöte	8'
	Salicional (Gambe)	8'		Salicional	8'		Salicional	8'
	Gemshorn (Principal)	4'		Gemshorn	4'		Gemshorn	4'
	(Flöte	4')					Gedactflöte	4'
	Flageolet	2'		Flageolet	2'		Flageolet	2'
P	Subbaß	16'	P	Subbaß	16'	P	Subbaß	16'
							Violon	16'
	Principalbaß	8'		Principalbaß	8'		Principalbaß	8'
				Bordun	8'		Bordun	8'
	Octav	4'		Octav	4'		Octav	4'
	Posaune	16'		Posaune	16'		Posaune	16'

Das Schema 2 G wird sehr schnell als Erweiterung des Schemas 2 C erkannt. Das Schema 2 H dagegen kann als Großform des Schemas 2 D verstanden werden: Hohlflöte 8' im ersten Manual, Gedactflöte 4' im zweiten Manual und Violon 16' im Pedal sind die wesentlichen Elemente der Erweiterung. Der zweite 4' im zweiten Manual wird dem ersten Manual entnommen, und im ersten Manual wird eine Rohrflöte 4' hinzugefügt.

An dieser Stelle wird erstmals ein wichtiger Leitgedanke deutlich, der nahezu alle größeren Dispositionen kennzeichnet: die Position gleichartiger Register oder Klangfarben in gleichen Manualen, wie z.B. Rohrflöte 8' und Rohrflöte 4' im ersten Manual, Geigen Principal 8' und Gemshorn 4' bzw. Gedact 8' und Gedactflöte 4' im zweiten Manual. Die Anwendung dieses Grundsatzes kulminiert in der großen dreimanualigen Disposition in Gronau.

Die größte bislang dargestellte Disposition 2 H kann als Richtschnur für die Auslegung größerer Dispositionen, auch früherer Jahre, mit einem 16'-Register im zweiten Manual angesehen werden. Im ersten Manual sind dann eine Trompete 8' und eine Oberoktavkoppel oder zweite Mixtur und im Pedal eine Quinte 5 1/3' verbindlich. Im zweiten Manual kann eine Mixtur disponiert werden, wenn ein Principal 4′ Gemshorn 4′ vertritt (dann steht im ersten Manual zusätzlich eine Spitzflöte 4′) und im Pedal ein Principal 16′ zusätzlich erscheint.

2 H (1860–66)		2 I (1853–64)		2 J (1853–57)	
I Bordun	16′	I Bordun	16′	I Bordun	16′
Principal	8′	Principal	8′	Principal	8′
Rohrflöte	8′	Rohrflöte	8′	Rohrflöte	8′
Gambe	8′	Gambe	8′	Gambe	8′
Hohlflöte	8′	Hohlflöte	8′	Hohlflöte	8′
Octav	4′	Octav	4′	Octav	4′
Rohrflöte	4′	Rohrflöte	4′	Rohrflöte	4′
				Spitzflöte	4′
Quinte	2 2/3′	Quinte	2 2/3′	Quinte	2 2/3′
Octav	2′	Octav	2′	Octav	2′
				Spitzflöte	2′
Mixtur 4-fach	2′	Mixtur 4-fach	2′	Mixtur 4-fach	2′
				Cornet 3-5-fach	
		Trompete	8′	Trompete	8′
		Oberoktavkoppel			
II		II Liebl. Gedact	16′	II Liebl. Gedact	16′
Geigen Principal	8′	Geigen Principal	8′	Geigen Principal	8′
Gedact	8′	Gedact	8′	Gedact	8′
Spitzflöte	8′	Spitzflöte	8′	Spitzflöte	8′
Salicional	8′	Salicional	8′	Salicional	8′
Gemshorn	4′	Gemshorn	4′		
				Octav	4′
Gedactflöte	4′	Gedactflöte	4′	Gedactflöte	4′
Flageolet	2′	Flageolet	2′	Flageolet	2′
				Mixtur 3-fach	2′
P		P		P Principal	16′
Subbaß	16′	Subbaß	16′	Subbaß	16′
Violon	16′	Violon	16′	Violon	16′
Principalbaß	8′	Principalbaß	8′	Principalbaß	8′
Bordun	8′	Bordun	8′	Bordun	8′
				Flöte	8′
		Quinte	5 1/3′	Quinte	5 1/3′
Octav	4′	Octav	4′	Octav	4′
Posaune	16′	Posaune	16′	Posaune	16′

Die Disposition 2 J wird durch Oktavieren der Quintchöre im ersten Manual und Pedal und durch Verlagern von 8′-Stimmen zu der grundtönigeren Disposition 2 K. Das Einfügen eines Principal 16′, das Oktavieren der Trompete zu einer 16′-Stimme, das Hinzufügen weiterer Quinten in beiden Manualen, einer Oberoktavkoppel im ersten Manual und einer Trompete 8′ im zweiten Manual sind wesentliche Merkmale des größten Dispositionstyps 2 L mit zwei Manualen, den Furtwängler je gebaut hat.

2 J (1853–57)		2 K (1866–67)		2 L (1858–63)	
I Bordun	16′	**I** Bordun	16′	**I** Principal	16′
Principal	8′	Principal	8′	Quintade	16′
Rohrflöte	8′	Rohrflöte	8′	Principal	8′
Gambe	8′			Rohrflöte	8′
		Gemshorn	8′	Gemshorn	8′
Hohlflöte	8′			Hohlflöte	8′
		Quintade	8′	Quintade	8′
		Quinte	5 1/3′	Quinte	5 1/3′
Octav	4′	Octav	4′	Octav	4′
Rohrflöte	4′	Rohrflöte	4′	Rohrflöte	4′
Spitzflöte	4′			Gemshorn	4′
Quinte	2 2/3′			Quinte	2 2/3′
Octav	2′	Octav	2′	Octav	2′
Spitzflöte	2′				
Mixtur 4-fach	2′	Mixtur 4-fach	2 2/3′	Mixtur 4-fach	2′
Trompete	8′	Trompete	8′	Trompete	16′
				Oberoctavkoppel	
II Liebl. Gedact	16′	**II** Liebl. Gedact	16′	**II** Bordun	16′
Geigen Principal	8′	Principal	8′	Principal	8′
Gedact	8′	Gedact	8′	Gedact	8′
		Gambe	8′	Gambe	8′
Spitzflöte	8′			Spitzflöte	8′
Salicional	8′	Salicional	8′	Salicional	8′
Octav	4′	Principal	4′	Principal	4′
Gedactflöte	4′	Gedactflöte	4′	Gedactflöte	4′
				Quinte	2 2/3′
Flageolet	2′	Flageolet	2′	Flageolet	2′
Mixtur 3-fach	2′	Mixtur 3-fach	2′	Mixtur 3 6-fach	
				Trompete	8′
P Principalbaß	16′	**P** Principalbaß	16′	**P** Principalbaß	16′
Subbaß	16′	Subbaß	16′	Subbaß	16′
Violon	16′	Violon	16′	Violon	16′
		Quinte	10 2/3′	Quinte	10 2/3′
Principalbaß	8′	Principalbaß	8′	Principalbaß	8′
Bordun	8′	Bordun	8′	Bordun	8′
Flöte	8′	Flöte	8′	Flöte	8′
Quinte	5 1/3′				
Octav	4′	Octav	4′	Octav	4′
Posaune	16′	Posaune	16′	Posaune	16′
		Trompete	8′	Trompete	8′

An die Schemata 2 K und 2 L kann sich eine Diskussion der dreimanualigen Dispositionen anschließen. Wir müssen jedoch aus Zeitgründen darauf verzichten und wenden uns den Dispositionen anderer Orgelbauer zu.

Ziel meiner Betrachtung soll es sein darzulegen, daß Furtwänglers Dispositionen keinesfalls der Norm jener Jahre entsprachen, sondern daß er stärker als seine

Zeitgenossen klassische Prinzipien des Werkaufbaus berücksichtigte. Ich will dies exemplarisch an den Dispositionen zweier Orgelbauer demonstrieren, die im Königreich Hannover und im Herzogtum Braunschweig arge Konkurrenten Furtwänglers waren: Andreas Engelhardt und Titus Lindrum.

Aufgrund mangelnder Vorarbeiten über diese Orgelbauer kann ich noch keine allgemeinen Dispositionsprinzipien angeben. Ich bin aber sicher, daß schon die wenigen Beispiele, die heute bekannt sind, das wesentliche verdeutlichen.

3. Andreas Engelhardt

Andreas Engelhardt wurde um 1800 geboren und ist seit Ende der zwanziger Jahre in Herzberg nachweisbar. Seine erste Arbeit ist aus dem Jahre 1830 bekannt. 1859 machte Engelhardt Konkurs, war aber noch bis zu seinem Tode am 4.3.1866 als Orgelbauer tätig. Nach 1866 führte der Sohn Gustav Engelhardt den Betrieb weiter. Mit dem Konkurs im Jahre 1880 erlosch die Orgelbautätigkeit in Herzberg.

Die einmanualigen Orgeln Engelhardts können am einfachsten aufgrund der Existenz eines Bordun 16' in zwei Gruppen untergliedert werden. Orgeln ohne Bordun 16' entstanden u.a. mit folgenden Dispositionen:

	Westerode 1843			Sickte 1851			Badenhausen 1856			Maschrode 1865	
M	Principal	8'	M	Principal	8'	M	Principal	8'	M	Principal	8'
	Doppelflöte	8'		Doppelflöte	8'		Gedact	8'		Gedact	8'
	Gambe	8'		Gambe	8'		Gambe	8'		Gambe	8'
	Octav	4'		Octav	4'		Octav	4'		Octav	4'
				Flöte	4'		Flöte	4'		Flöte	4'
	Octav	2'		Octav	2'		Octav	2'		Octav	2'
	Mixtur 3-fach			Mixtur 3-fach			Mixtur 3-fach			Mixtur 5-fach	
	Trompete	8'									
P	Subbaß	16'	P	Subbaß	16'	P	Subbaß	16'	P	Subbaß	16'
	Violon	8'		Principalbaß	8'		Violon	8'		Violon	8'
	Bordun	8'					Posaune	16'			

Im Manual fällt die Verwendung einer Doppelflöte 8' auf, die von Furtwängler niemals gebaut wurde. Daneben sind an Besonderheiten bei der Disposition in Westerode der Fortfall einer Flöte 4' zugunsten einer (noch vorhandenen) Trompete 8' und die doppelte Besetzung der 8'-Lage im Pedal ohne Octav 4' zu erwähnen. Furtwängler disponierte auch so gut wie nie einen Violon 8'.

Jerstedt 1840			Bortfeld 1847			Sieber 1855		
M	Bordun	16'	M	Bordun	16'	M	Bordun	16'
	Principal	8'		Principal	8'		Principal	8'
	Doppelflöte	8'		Hohlflöte	8'		Doppelflöte	8'
	Gambe	8'		Gambe	8'		Gemshorn	8'
	Octav	4'		Octav	4'		Octav	4'
	Flöte	4'		Flöte	4'			
	Quinte	3'						
	Octav	2'		Octav	2'		Octav	2'
	Mixtur			Mixtur 3-fach			Mixtur 3-fach	
P	Subbaß	16'	P	Subbaß	16'	P	Subbaß	16'
	Principalbaß	8'		Octavbaß	8'		Principalbaß	8'
				Bordun	8'			
	Octav	4'						

Hötzum, Herrhausen 1861 1862			Immenrode 1865		
M	Bordun	16'	M	Bordun	16'
	Principal	8'		Principal	8'
	Doppelflöte	8'		Gedact	8'
	Gambe	8'		Gambe	8'
	Octav	4'		Octav	4'
	Flöte	4'		Flöte	4'
	Octav	2'		Octav	2'
	Mixtur 3-fach			Mixtur 3-fach	
P	Subbaß	16'	P	Subbaß	16'
	Principalbaß	8'		Principalbaß	8'
				Bordun	8'

Eine Betrachtung dieser Dispositionen läßt deutlich werden, daß Engelhardt gegenüber Furtwängler ein wesentlich geringeres Klangspektrum verwendete. Furtwängler gebrauchte häufiger Alternativen in der 8'-Lage (Salicional, Gambe, Spitzflöte, Gedact) und in der 4'-Lage (Spitzflöte, Gedactflöte, Gemshorn). Außerdem disponierte er mehrfach Quinte 3' und ein zweites 2'-Register. Im Pedal disponierte er stets Octav 4' vor einer zweiten 8'-Stimme.

Die folgenden zweimanualigen Orgeln sind uns aus der Werkstatt Engelhardts bekannt geworden:

Gladebeck
um 1855

I	Bordun	16′
	Principal	8′
	Gedact	8′
	Octav	4′
	Gemshorn	4′
	Octav	2′
	Mixtur 3-fach	

II	Geigen Principal	8′
	Fl. travers	8′
	Gambe	8′
	Rohrflöte	4′
	Waldflöte	2′

P	Subbaß	16′
	Octavbaß	8′
	Bordun	8′
	Octav	4′
	Posaune	16′

Groß Flöthe
1859

I	Bordun	16′
	Principal	8′
	Doppelflöte	8′
	Hohlflöte	8′
	Octav	4′
	Quinte	2 2/3′
	Octav	2′
	Mixtur	

II	Liebl. Gedact	8′
	Gambe	8′
	Principal	4′
	Fernflöte	4′

P	Subbaß	16′
	Octavbaß	8′
	Octav	4′
	Posaune	16′

Ahlum
1856−60

I	Bordun	16′
	Principal	8′
	Gedact	8′
	Hohlflöte	8′
	Gambe	8′
	Octav	4′
	Gemshorn	4′
	Quinte	2 2/3′
	Octav	2′
	Mixtur 4-fach	
	Trompete	8′

II	Fl. travers	8′
	Doppelflöte	8′
	Salicional	8′
	Principal	4′
	Rohrflöte	4′
	Octav	2′

P	Subbaß	16′
	Violon	8′
	Principalbaß	8′
	Bordun	8′
	Octav	4′
	Posaune	16′

Lucklum
1862

I	Bordun	16′
	Principal	8′
	Gedact	8′
	Octave	4′
	Octave	2′
	Mixtur	

II	Doppelflöte	8′
	Salicional	8′
	Gedact	4′

P	Subbaß	16′
	Principalbaß	8′
	Violon	8′

Salzdahlum
1863−64

I	Bordun	16′
	Principal	8′
	Gedact	8′
	Hohlflöte	8′
	Octave	4′
	Gemshorn	4′
	Octave	2′
	Mixtur 3-fach	

II	Doppelflöte	8′
	Salicional	8′
	Principal	4′
	Rohrflöte	4′

P	Subbaß	16′
	Principalbaß	8′
	Bordun	8′
	Posaune	16′

Hüttenrode
1865

I	Bordun	16′
	Principal	8′
	Doppelflöte	8′
	Gambe	8′
	Octave	4′
	Gemshorn	4′
	Octave	2′
	Mixtur 3-fach	

II	Liebl. Gedact	8′
	Flauto amabile	8′
	Salicional	8′
	Violon	4′
	Fernflöte	4′

P	Subbaß	16′
	Violon	16′
	Principalbaß	8′
	Violon	8′

Während Furtwängler ein Gemshorn 4' gern als Principalstellvertreter einsetzt, übernimmt es bei Engelhardt eher die Funktion eines Partners eines Octav 4'-Registers. Eine Flöte 4', etwa eine Gedactflöte oder Rohrflöte, fehlt selten in Furtwänglers Hauptwerken; bei Engelhardt übernimmt sie dagegen eine zentrale Funktion in Verbindung mit einem Gedact 8' oder einer Doppelflöte 8'. Die 2'-Lage ist bei Engelhardt-Orgeln stark vernachlässigt, dagegen fehlt selten ein Principal 4' oder Stellvertreter in 4'- oder 8'-Lage. Im Pedalwerk hat sich nur bei größeren Orgeln ein Werkaufbau bis zum Octav 4' durchgesetzt.

4. Titus Lindrum

Titus Lindrum wurde 1827 als Sohn des Orgelbauers Ernst Lindrum in Goslar geboren und führte den Betrieb des Vaters nach dessen Tode seit etwa 1850 weiter. Als Beispiele für einmanualige Orgeln seien folgende Dispositionen genannt:

	Meerdorf 1858			**Bevenrode** 1861 (Kostenanschlag)		**1864**	
M	Principal	8'	M	Principal	8'		
	Doppelflöte	8'		Doppelflöte	8'		
	Gedact	8'		Flauto travers	8'		
	Gambe	8'		Gambe	8'		
	Principal	4'		Octave	4'		
	Flöte	4'		Rohrflöte	4'		
	Octave	2'		Octave	2'		
	Mixtur 3-fach			Mixtur 3-fach	2'		
P	Subbaß	16'	P	Subbaß	16'		
	Octavbaß	8'		Violon	8'	Octavbaß	8'
	Bordun	8'		Bordun	8'		

Die Dispositionsprinzipien decken sich weitgehend mit denen Engelhardts. Lindrum geht hinsichtlich der Grundtönigkeit noch weiter: vier 8'-Stimmen im Manual und zwei 8'-Register im Pedal.

Bei größeren Orgeln ist keine wesentlich andere Haltung zu beobachten, bis auf eine erheblich größere Flexibilität in der Klangfarbenauswahl und Disponierung von Aliquoten gegenüber Engelhardt.

	Woltorf 1854			**Groß Lafferde** 1858			**Bettmar** 1864	
I	Bordun	16'	I	Bordun	16'	I	Bordun	16'
	Principal	8'		Principal	8'		Principal	8'
	Gedact	8'		Gedact	8'		Doppelflöte	8'
	Hohlflöte	8'					Fl. travers	8'
	Gambe	8'		Gemshorn	8'			

	Octav	4′		Octav	4′	Octav	4′
	Gemshorn	4′		Gemshorn	4′	Hohlflöte	4′
	Quinte	2 2/3′		Quinte	2 2/3′		
	Octav	2′		Octav	2′	Octav	2′
	Mixtur 4-fach			Mixtur 4-fach		Mixtur 3-4-fach	2′
	Cornet 3-fach						
	Trompete	8′					
II	Geigen Principal	8′	II	Geigen Principal	8′		
	Doppelflöte	8′		Doppelflöte	8′	Liebl. Gedact	8′
	Salicet	8′		Gambe	8′	Gambe	8′
	Flauto travers	8′					
	Octav	4′					
	Flauto amabile	4′		Flauto major	4′	Rohrflöte	4′
	Waldflöte	2′		Waldflöte	2′.		
						Cornet 3-fach	
P	Subbaß	16′	P	Subbaß	16′	P Subbaß	16′
	Violon	16′		Violon	16′		
	Principalbaß	8′		Octavbaß	8′	Octavbaß	8′
				Bordun	8′		
	Quinte	5 1/3′		Quinte	5 1/3′	Quinte	5 1/3′
	Octav	4′		Octav	4′		
	Posaune	16′		Posaune	16′		

Ganz interessant ist die Gegenüberstellung zweier Dispositionen, die Furtwängler und Lindrum für die Kirche in Oberg bei Peine entwarfen.

Oberg
Furtwängler 1854

Oberg
Lindrum 1855

M	Bordun	16′	I	Bordun	16′
	Principal	8′		Principal	8′
	Spitzflöte	8′		Hohlflöte	8′
	Salicional	8′		Doppelflöte	8′
	Octav	4′		Octav	4′
	Gedactflöte	4′		Gemshorn	4′
	Quinte	3′			
	Octav	2′		Octav	2′
	Mixtur 4-fach	2′		Mixtur 3-4-fach	2′
			II	Liebl. Gedact	8′
				Gambe	8′
				Flöte	4′
P	Subbaß	16′	P	Subbaß	16′
				Violon	16′
	Principalbaß	8′		Principalbaß	8′
				Bordun	8′
	Octav	4′			
	Posaune	16′			

Die Orgel in Dassel
und die Restaurierung des alten Bestandes

von MARTIN HASPELMATH

Mittelpunkt des heutigen Tages sind drei Orgeln, von denen eine von Furtwängler, die anderen dagegen von zwei seiner Konkurrenten erbaut wurden. Die erste Orgel hier in *Dassel* war ein originales Instrument von *Furtwängler,* ist inzwischen verändert, und wir haben versucht, sie teilweise wieder in den ursprünglichen Zustand zurückzuführen. Die zweite Orgel steht in *Moringen* und ist von *Giesecke,* die dritte wurde von *Engelhardt* in *Herzberg* erbaut.
Wenn man die drei Orgeln miteinander vergleicht, stellt man fest, daß *Engelhardt* in seinem Wesen, seiner Intonation etwas zigeunerhaft war, hochmusikalisch und alle technischen Mittel nutzend. Er war sehr frei mit der Konstruktion der Fußöffnungen und auch der Kernspalten; er hat jedes Intonationsmittel dann angewandt, wenn er es brauchte. Dagegen war *Giesecke* ein sehr sauberer Konstrukteur, sauber auch deshalb, weil er nach den neuesten Theorien nach Töpfer versuchte, seine Orgeln aufzubauen, zu mensurieren und auf diesem Fundament seine musikalischen Intentionen zu verwirklichen. Er hat sehr schöne Soloregister gebaut, genauso wie *Engelhardt* auch. Wir werden heute in beiden Orgeln, die wir nacheinander hören, vergleichen können. Bei *Furtwängler* waren mehrere Klangschattierungen wichtig, er stufte verschieden ab, orientierte sich mehr an differenzierten Lautstärken. Vor allen Dingen fällt mir das bei den Streichern auf, z.B. bei einer Gambe, die bei *Furtwängler* nicht mehr das ist, was wir aus der Barockzeit kennen, wie sie sowohl von *Giesecke* als auch von *Engelhardt* noch gebaut wurde. Bei *Furtwängler* hat sie eine bestimmte Klangstärke, die einem kleinen Principal entspricht, während das Salicional, ganz ähnlich gebaut, nur leiser ist. In ähnlicher Weise könnte man auch die anderen Registrierungen betrachten.
Orgelbaumeister *Ott* fand die Orgel Mitte der vierziger Jahre auf einer zweiten Empore vor. Wir nehmen an, daß diese Empore ein hohes Podest war. Die Orgel hat etwa ein Meter höher gestanden, als sie heute steht.
Das Positiv war in einer Wandnische unter einem gotischen Bogen untergebracht. Es stand in einem schönen Holzgehäuse, das man noch heute sehen kann, tiefer als das Hauptwerk. Das Pedalwerk stand links und rechts vom Hauptwerk.
Ausgangspunkt für Herrn Ott war die Beseitigung der Empore, so daß die größere Höhe über dem Orgelboden eine bessere Klangabstahlung gestattet. Als die Orgel aber abgebaut war, entschloß man sich zu einer konzeptionellen Umgestaltung des gesamten Werkes. Die Orgel wurde, aus welchen Gründen auch immer, nicht wieder so aufgebaut, wie gewesen. Man baute ein neues Werk mit neuem Gehäuse unter Verwendung der Windladen, des größten Teiles der Pfeifen, der Klaviaturen, der Registerzüge, kurz aller Teile, die man nach damaligen Gesichtspunkten für wiederverwendbar hielt. Es entstand eine Neobarock-Orgel: Die alten Pfeifen wurden im Aufschnitt erniedrigt, indem man die Pfeifen einlötete oder auseinanderschnitt, etwas vom Körper wegnahm und neu zusammenlötete. Dies ist besonders deutlich bei konischen Registern zu erkennen. Hier sind die Durch-

messer kleiner geworden, so daß man die Körper dehnen mußte, bevor man die Pfeifen wieder zusammenlöten konnte.

Ott baute die Mixturen neu und veränderte die Zungen. Ein Balg wurde aus dem noch vorhandenen Balghaus herausgenommen und in die Orgel verlegt. Der Winddruck wurde erniedrigt.

Das Gehäuse wurde von Ott vollkommen neu gestaltet. Ein Spitzturm in der Mitte, zwei Felder entsprechend der C- und Cis-Seite des Hauptwerkes und zwei schwach gerundete Pedaltürme unterscheiden sich wesentlich von der ursprünglichen Gehäusefront, die sich aufgrund noch erhaltener Gehäusestöcke rekonstruieren läßt.

Die Gemeinde hatte nach dem Umbau fortwährend Probleme. Diese Probleme lagen nicht im klanglichen Bereich, sondern waren mechanischer Natur. Die Orgel war in ihrer Traktur instabil. Ein Fehler war sehr bald erkannt: Das Instrument stand, so wie wir es vorfanden, vorn auf einem Podest und hinten auf dem Fußboden. Die Differenz betrug ungefähr 20 cm. Dadurch konnte sich die Orgel, wenn das Holz arbeitete, vorn heben oder absenken, während die vertikalen Ständer Furtwänglers auf der Rückseite stabil waren. Wir haben das dadurch verändert, indem wir die ganze Orgel auf einen Balkenrahmen gesetzt haben, also entsprechend zu dem Vorderbalken auch hinten einen Balken eingebracht haben. Damit war das Hauptproblem bereits beseitigt.

Wir haben versucht, mit Rücksicht auf die sehr schön restaurierten Gemälde der Kirche, auch dem Gehäuse zu einer besseren Wirkung zu verhelfen. Mein Gedanke war, Formen der Renaissance-Orgel stärker zu berücksichtigen. Im Hauptwerk wurden die Felder neu aufgeteilt und einige Profilleisten neu aufgetragen. Dadurch entstand eine Form, die auch dem ursprünglichen Prospekt näher kommt; die Hauptwerkfelder enthalten heute je einen Tenorturm und ein Diskantfeld, wie es auch aus der klassischen Bauweise bekannt ist.

Bezugnehmend auf den Vortrag von Herrn Winter möchte ich noch einiges zu der Restaurierung der Windladen sagen. Herr Winter geht bei seiner Beurteilung natürlich von dem Urteil der Orgelbauer aus, mit denen er zusammenarbeitet, und zu denen er Vertrauen hat. Und in der Praxis scheint eine Restaurierung nicht immer ohne Dichtungsringe möglich zu sein.

Seit 1959 habe ich sehr gute Erfahrungen mit Restaurierungen ohne Dichtungselemente. Ich habe nie Schiffbruch erlitten und gebe dies auch als meinen Diskussionsbeitrag in Fachkreisen weiter. Ich will kurz erklären, warum ich gegen die Verwendung von Dichtungsringen bin.

Mittelstück der Lade ist der Kanzellenblock, der auf einem Balken aufliegt. Oberhalb des Kanzellenblockes liegen die Dämme, dazwischen die Schleifen und darüber die Stöcke. Bei alten Orgeln sind die Stöcke in der Regel nicht geteilt, sondern gehen von links bis rechts durch. Der Kanzellenblock ist also eingebunden zwischen Balken und den Stöcken mit den daraufstehenden Pfeifen.

Die Stöcke können aber unterteilt sein. Das ist bei Furtwängler-Laden der Fall. Das erfordert aber eine Teilung der Laden. Der Kanzellenrahmen besteht dann nicht nur aus den vier Rahmenstücken, sondern aus zusätzlich eingezapften Querstücken. Damit wird die Lade abschnittweise stabil.

Ein Kollege hat hier in Dassel vor einigen Jahren Dichtungsringe eingebaut. Die Schleifen wurden jetzt nicht mehr durch den Stock festgehalten. Die Dämme wa-

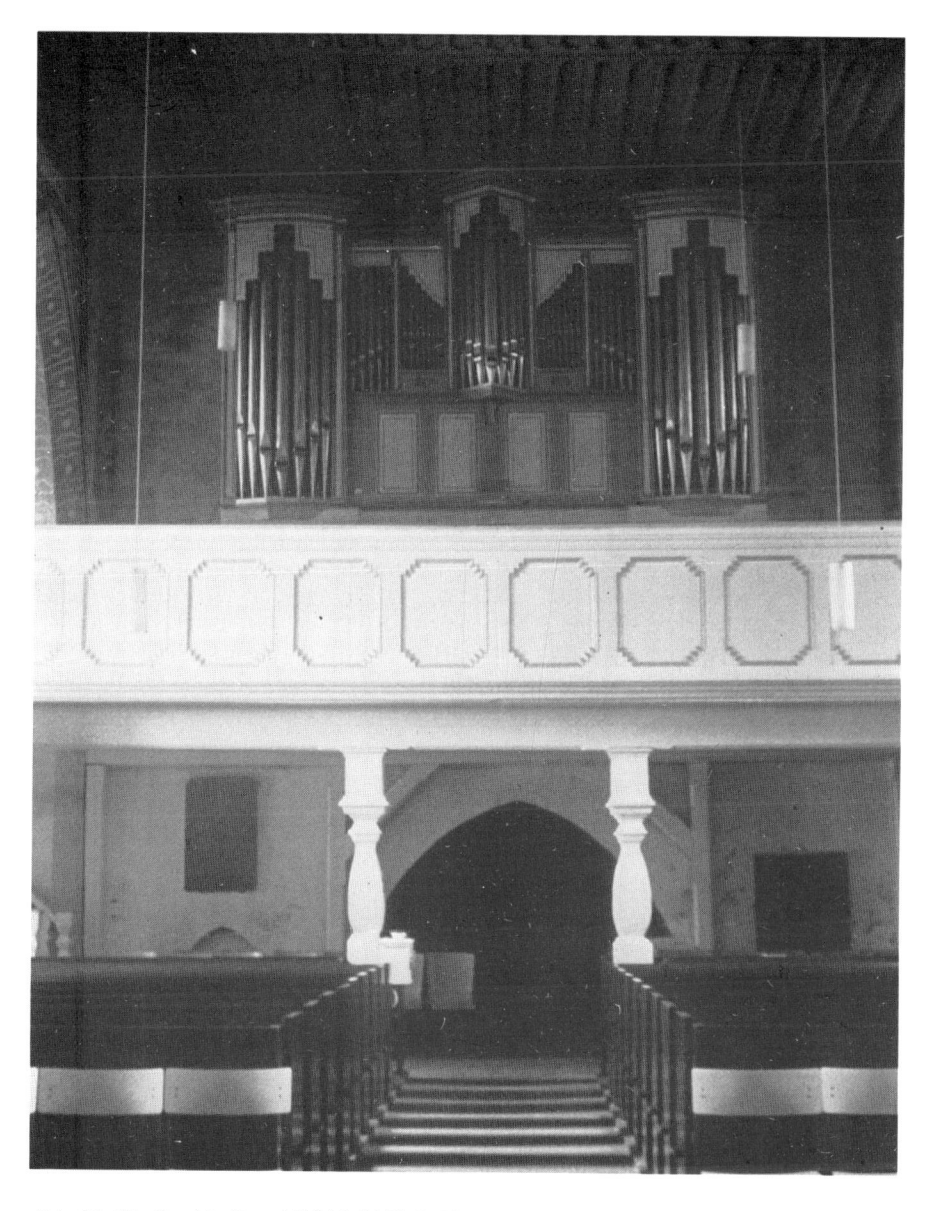

Abb. 26: Die Orgel in *Dassel* (1845, 24/II+P, *Ph. Furtwängler*) Das Gehäuse wurde 1949 erheblich verändert

ren erhöht worden, aber nur an den Punkten, an denen sie Auflage haben sollten. Das führte dazu, daß sich die Spunde nach oben gebogen und die Schleifen und Dämme angehoben haben. Dadurch wurden die Laden vollkommen undicht.
Viele Orgelbauer, auch aus der Barockzeit, haben Schiede aus Weichholz und Spunde aus Eichenholz verwendet. Wir wissen bis heute nicht, ob hier nur Kostengründe vorlagen. Mir scheint das nicht der Fall zu sein, denn Fichtenholz hat im Klavierbau eine große Bedeutung, und es ist nicht einzusehen, weshalb Orgelbauer nicht auch Fichtenholz verwenden sollen. Ich bin überzeugt davon, daß Engelhardt beispielsweise aus klanglichen Gründen Fichtenholz verwendete. Fichtenholz kann durch seine Struktur bedingt viel mehr Feuchtigkeit aufnehmen, aber in der Verbindung mit Eichenholz, insbesondere bei den relativ dünnen Spunden, habe ich keine ernsthaften Probleme erlebt. So kann ich mich auch bei der Restaurierung der kleinen Engelhardt-Orgel in Gladbeck an keine diesbezüglichen Schwierigkeiten erinnern.
Die Traktur der Orgel in Dassel ist neu von Ott. Wir haben sie unverändert gelassen, haben aber zwei Pedal-Koppeln neu eingebaut.
Das Pfeifenwerk der Orgel haben wir jedoch erheblich verändert. Wir haben alle Register, die sich ohne große Kompromisse restaurieren ließen, in den ursprünglichen Zustand zurückgeführt.
Die Pfeifen des Principal 8' im Hauptwerk waren mit den Pfeifen des Pedals gemischt und versetzt. Manche Pfeifen waren entsprechend ihrer Mensur richtig eingestellt, andere Pfeifen fehlten völlig. Wir haben versucht, diese beiden Register wieder zu trennen, so daß jetzt wieder die Pfeifen des Hauptwerks in der richtigen Reihenfolge stehen; nur eine Pfeife mußten wir neu machen. Die verkürzten Pfeifenfüße wurden wieder verlängert, etwa so, wie sie bei Furtwängler gewesen sind, aber in Hinblick auf die neue Feldaufteilung war ein Kompromiß nicht ganz zu vermeiden. Furtwängler hatte ursprünglich sehr weite Stockbohrungen gebaut. Wir haben den von Ott gebauten Kondukten erneuert; die Pfeifen hatten vorher zu wenig Wind bekommen. Die abgeschnittenen Pfeifen wurden im Schnitt um zwei Halbtöne verlängert und damit auf ihre ursprüngliche Länge gebracht. Die Verlängerung geschah mit dem gleichen Metall; wir entnahmen es den nicht mehr zu verwendenden Pedalpfeifen.
Bordun 16' war eingelötet. Wir haben die Pfeifen wieder aufgeschnitten. Die Deckel haben wir neu aufgepaßt in der Art, wie sie wahrscheinlich nur von Furtwängler angewendet wurde: mit Leder, das auf die Körper geleimt wurde. Das bis dahin verwendete Papier wurde beseitigt. In dieser Weise sind wir bei allen Gedeckten verfahren.
Die Rohrflöte 8' war eingelötet. Die Aufschnitte sind wiederhergestellt. Einige fehlende Pfeifen wurden ergänzt.
Für Octav 4' gilt das zuvor Gesagte. Einige Pfeifen mußten neu gemacht werden. nachdem wir versucht haben, alle Änderungen des Mensurverlaufs rückgängig zu machen.
Für Spitzflöte 4' gelten die Probleme, die ich am Anfang erwähnte. Wir haben den Aufschnitt so wiederhergestellt, wie es klanglich gut schien oder aus anderen Beispielen sich abmessen ließ.
Quinte 3' war nicht mehr vorhanden. Die von uns vorgefundene Quinte waren die Pfeifen der Spitzflöte des Positivs. Diese Spitzflöte haben wir wiederhergestellt, und aus alten Pfeifen dieser Orgel und anderen Pfeifen haben wir eine neue Quinte

zusammengestellt. Das gilt auch für die Terz, die wahrscheinlich alte Mixturpfeifen enthält.

Auf dem Platz, wo heute die Terz steht, stand ursprünglich ein Dolcegedact. Dies konnten wir aus Kostengründen nicht wiederherstellen. Das war auch technisch schwer möglich, weil auf der Windlade alles weitergerückt ist und wir zu viel hätten zurückführen müssen. Die Terz war aber in einem älteren Kostenanschlag erwähnt und entsprach voll der Vorstellung Furtwänglers, wurde jedoch seinerzeit erst nach Verhandlungen mit Sachverständigen gestrichen.

An dieser Stelle kann ich kurz auf die Intonationsmethoden Furtwänglers eingehen. Die Terz ist in Prinzipalmensur gebaut. Während bei Prinzipalen die Kernspalten relativ normal sind, sind bei den Registern, bei denen er einen reduzierten Klang wünschte, nicht die Füße eingezogen, sondern die Kernspalten sehr eng. Das habe ich überall gefunden, nicht zuletzt in der kleinen Orgel in Suderbruch und auch in der Orgel in Hoyershausen.

Octav 2' war original erhalten und brauchte nur ausgeglichen zu werden.

Die Mixtur von Ott wurde umintoniert und umgearbeitet, so daß die Repetitionspunkte mehr denen Furtwänglers entsprechen.

Trompete 8' ist in Bechern, Blöcken und Stiefeln sowie Köpfen alt. Die Kehlen und Zungen sind von Ott.

Das Positiv, das früher hinten stand und relativ viel Höhe hatte, wurde von Ott als Brustwerk angelegt. Dadurch war es unmöglich, auf das Original zurückzugehen. Da das Brustwerk nur das relativ schwache Gedact 8' hatte, haben wir die Spitzflöte wiederhergestellt. Die in der Quinte erhalten gebliebenen Pfeifen wurden wieder verlängert, und zwar ab einschließlich e^0 offen ausgebaut. Die tiefen Töne wurden als Gedacktpfeifen neu gebaut, weil einige noch vorhandene Pfeifen klanglich nicht zu rekonstruieren waren.

Gedackt 8' und Gedacktflöte 4' sind original erhalten. Die Aufschnitte wurden wieder erhöht.

Dann kommt das Flageolet 2'. Es hat Principal-Mensur mit engem Labium und relativ hohem Aufschnitt. Auch hier wurden die erniedrigten Aufschnitte wieder erhöht.

Davor stehen, von Ott, aber von uns umintoniert, Tertian 2-fach, Octav 1' und Scharff 3-fach, das ich nach oben hin 4-fach ausgebaut habe. Dieser vierte Chor ist ein 4' ab g^1, der früher als Principal 4' vorhanden war und jetzt wieder weitgehend im Plenum erklingt.

Der Dulcian 8', der von Ott eingebaut worden war, ist von uns wieder übernommen worden. Wir sahen keinen Grund, diese Stimme durch eine andere zu ersetzen.

Im Pedal ist die große Oktave des Principal 8' aus Zink von Ott. Der Rest ist von Furtwängler und steht auf der Windlade.

Subbaß 16' ist original vorhanden. Die Aufschnitte wurden wieder normalisiert. Das gleiche gilt für Bordun 8' aus Metall mit relativ enger Mensur.

Octav 4' war nicht eingelötet.

Posaune 16' und Trompete 8' sind in Bechern, Stiefeln und Köpfen original. Kehlen und Zungen sind von Ott. Bei der Posaune haben wir die Zungen etwas weiter rücken müssen und einige neue davorgesetzt.

Abb. 27: Die Orgel in *Moringen* (1850, 20/II+P, *C. Giesecke*)

Die Restaurierung der Orgel in Moringen

von MARTIN HASPELMATH

Die Restaurierung der Orgel in Moringen hat ähnlich wie die in Dassel begonnen. Eine Instandsetzung war geplant, weil der Zustand seit der Barockisierung um 1950 kaum noch die Züge der alten Orgel erkennen ließ und man der Ansicht war, das Instrument sei nicht mehr sachgerecht zu restaurieren.
Auf meine Initiative hin bat die Kirchengemeinde um weiterreichende Kostenanschläge, in denen ich zum Ausdruck brachte, daß man auf jeden Fall bei den originalen Registern auf die ursprüngliche Intonation zurückgehen müsse. Diese Arbeiten waren hier viel weniger schwierig als in Dassel, weil die Metallpfeifen nicht auseinandergeschnitten, sondern nur eingelötet oder zugedrückt waren.
Die Orgel wurde 1850 von *Carl Giesecke* aus Göttingen erbaut. Bei diesem Neubau verwendete Giesecke viele Pfeifen der Vorgänger-Orgel, die Christian Vater 1743 erbaut hatte; er arbeitete jedoch das Pfeifenmaterial für seine Zwecke erheblich um.

Die Orgel von Vater:

Manual		Pedal:	
Principal	8′	Subbaß	16′
Gedact	8′	Rohrflöte	8′
Quintadena	8′	Octave	4′
Octave	4′	Trompete	8′
Rohrflöte	4′		
Quinte	3′		
Octave	2′		
Mixtur 6-fach			
Trompete	8′ geteilt		

Die neue Orgel von Giesecke:

Hauptwerk		Oberwerk		Pedal	
Bordun	16′+	Geigenprincipal	8′	Vacant	
Principal	8′+	Salicional	8′	Subbaß	16′
Gambe	8′	Flauto Travers	8′	Octavbaß	8′
Hohlflöte	8′	Liebl. Gedact	8′+	Violon	8′
Gedackt	8′+	Principal	4′+	Gedactbaß	8′+
Octave	4′	Rohrflöte	4′+	Posaune	16′
Quinte	3′+				
Octave	2′+				
Mixtur 5-fach	2′+	Manualkoppel		Pedalkoppel HW-P	

+ = in diesen Registern wurden alte Pfeifen verwendet.

Abb. 28: Spieltisch der Orgel in *Moringen*

Im Zuge des Umbaus um 1950 wurde die Orgel erheblich verändert, Register wurden ausgetauscht, und der verbliebene Bestand wurde umgearbeitet.

Bis zur Restaurierung lag folgende Disposition vor:

Hauptwerk		Oberwerk		Pedal	
Quintade	16′	Liebl. Gedect	8′	Vacant	
Principal	8′	Salicional	8′	Subbaß	16′
Hohlflöte	8′	Principal	4′	Octavbaß	8′
Quintade	8′	Rohrflöte	4′	Octave	4′ +
Octave	4′	Waldflöte	2′ +	Rauschpfeife 2-f.	+
Octave	2′	Zimbel 2-fach		Posaune	16′
Octave	1′ +				
Sesquialtera 2-f.	+				
Mixtur 2-fach		Manualkoppel		Pedalkoppel	

+ = neue Register von ca. 1950.

Mit den Rückführungsarbeiten haben wir die folgende Disposition angestrebt:

Hauptwerk			Oberwerk		Pedal		
1 Bordun	16′	C-ds	1 Liebl. Gedeckt	8′ D-c³	2 Subbaß		16′
2 Principal	8′	Metall	2 Salicional	8′	3 Octavbaß		8′
4 Hohlflöte	8′		3 Flauto trav.	8′	1 Gedecktbaß	8′ E-d¹	
5 Quintade/Ged.	8′	c-c³	4 Principal	4′ Metall	4 Violon		4′
3 Octave	4′		8 Rohrflöte	4′ C-E	6 Posaune		16′
7 Quinte	3′	teilweise	5 Waldflöte	2′	5 Trompete		8′
8 Octave	2′	C-c³	7 Octave	1′			
6 Terz	1 3/5′		6 Mixtur 3-fach				
9 Mixtur 5-fach	2′	teilw.					

Die Zahlen vor den Registern kennzeichnen die Reihenfolge auf den Windladen. Die Angaben hinter den Registern beziehen sich auf Pfeifen der Vorgängerorgel. Weitgehend unverändert sind das Gedackt 8′ im Oberwerk und die Octave 2′ im Hauptwerk. Die Mixtur wurde auch in Teilen übernommen. Die Angabe „Metall" bedeutet, daß Giesecke die Pfeifen auseinandergeschnitten und zu neuen Pfeifen verarbeitet hat.

Im übrigen ist die Orgel original erhalten. Dies gilt besonders für die technische Anlage. So hat die Orgel beispielsweise nie Filz gehabt. Auch ist die Traktur so gut erhalten, daß wir sie nicht auseinandernehmen mußten; kein Abstraktendraht wurde aufgebogen. Wir haben vielmehr alles sehr gründlich überarbeitet. Die einzige Erweiterung der technischen Anlage besteht in zusätzlichen Rahmen, einer Eigenart, die Giesecke bei späteren Orgeln angewandt hatte.

Zum Pfeifenwerk ist folgendes zu sagen:

Im Hauptwerk ist eine Änderung geblieben: die Orgel hatte ursprünglich eine Gam-

Abb. 29: Traktur der Orgel in *Moringen*

Abb. 30: Spieltraktur der Manuale, einarmige Hebel in beiden Werken

be 8′, die wir aus Kostengründen nicht wiederherstellen konnten. Statt dieser Gambe haben wir, weil es auch der Zeit entspricht, eine Prinzipalterz gebaut. Ansonsten haben wir die ursprüngliche Mixtur wieder herstellen müssen. Die großen Chöre waren herausgenommen und zugeklebt. Sie repetiert immer um eine Oktave und zwar auf g^0 und g^1. Ab g^1 sind also 8′ und 5 1/3′ bereits dabei. Es ist eine ziemlich bombastische Mixtur, die ich durch einen kleinen Kunstgriff, der jederzeit wieder rückgängig gemacht werden kann, abgeschwächt habe: der 5 1/3′ war so stark, daß man mit der Mixtur kaum ein vernünftiges Literaturspiel ausführen konnte; ich habe ihn durch Holzstöpsel gedeckt und den Fuß durch untergelegte Kappen leicht geschlossen.
Im Oberwerk haben wir zwei Schleifen neu angelegt, weil wir nicht einsahen, daß zwei Register nicht weiterhin Verwendung finden sollten, die auch historisch zu rechtfertigen waren. Die vorgefundene Waldflöte war aus verschiedenen Beständen zusammengestellt; die erheblichen Mensurensprünge waren am Fuß ausgeglichen worden. Dieses Register habe ich so weit umgearbeitet, daß die Mensur jetzt durchlaufend ist. Die Mixtur habe ich ganz neu zusammengestellt, so daß der Octav 2′, den das Oberwerk ja nicht hat, etwa von der Mitte ab vorhanden ist.
Die Traversflöte 8′ lag in der Orgel und ist von uns wieder hergestellt worden. Die tiefen Pfeifen waren stark verwurmt, und im Diskant fehlten etliche Pfeifen. Die Flöte ist aus Holz, rund, innen gebohrt und dann abgedreht, innen labiert. Es ist eines der schönsten Register der Orgel.

Abb. 31: Pfeifenwerk der Orgel in *Moringen* (Oberwerk links oben, Hauptwerk im Vordergrund, Pedalwerk hinter beiden Manualwerken)

Abb. 32: Oberwerk mit Traversflöte 8' aus Holz

Der 1' ist auf Wunsch des Organisten geblieben, weil er ursprünglich dem Werk besonderen Glanz verlieh. Jetzt ist es aber so, daß der 1' mit seiner unveränderten Intonation fast Außenseiter geworden ist, und wir überlegen, ob wir ihn durch ein anderes Register ersetzen sollen. Die Beibehaltung eines solchen Registers ist nebenbei ganz typisch für den Werdegang einer Restaurierung. Im Zuge der Restaurierung klärt sich die Sache ab und stellt sich auf einmal ganz anders dar. Im Pedal hatte Giesecke von Anfang an eine Schleife freigelassen, vermutlich für Violon 16'. Diese Schleife haben wir jetzt mit einer Trompete 8' besetzt, die der aufgegebenen Hamelner Furtwängler-Orgel entnommen wurde. Es ist anzunehmen, daß Giesecke bereits zu jener Zeit die bei Schulze, Paulinzelle, gelernte Zungenfabrikation für andere Orgelbauer aufgenommen hatte.

Die Orgel in der Nikolaikirche in Herzberg

von RUDOLF JANKE

Die Orgel in der Nikolaikirche zu Herzberg ist die größte uns bekannte noch erhaltene Orgel des Orgelbauers Engelhardt. Sie ist fast original erhalten bis auf die Register Mixtur und Trompete 8' im Hauptwerk, Trompete 8' im Oberwerk und die Prospektpfeifen, die Teile der beiden Prinzipale 16' enthalten.
Die Orgel wurde 1845 durch *Andreas Engelhardt* aus Herzberg vollendet. Ein Kostenanschlag oder Vertrag liegt nicht mehr vor. Am 21.1.1868, also 23 Jahre nach Erbauung der Orgel, legte sein Sohn, Gustav Engelhardt, einen Kostenanschlag über die Reparatur der Orgel vor. Die Orgel wird also vermutlich schon damals anfällig gewesen sein. Nach diesem Kostenanschlag sollen die Prospektpfeifen verstärkt werden, weil sie zusammengesunken sind. Der Ausbau der Pfeifen und eine Reinigung sollen vorgenommen werden, die durch Hitze und Feuchtigkeit beschädigten 5 Bälge sollen repariert und die Posaune 16' und die Trompete 8' im Pedal verbessert werden. Außerdem soll noch die fehlende Oboe 8' im Oberwerk eingebaut werden. Ob die aufgeführten Arbeiten ausgeführt worden sind, ist nicht festzustellen.
Im Jahre 1932 wurde durch die Firma Furtwängler & Hammer eine neue Trompete 8' in der damals üblichen billigen Bauart ins Hauptwerk und auch die Prospektpfeifen aus Zink eingebaut. Die Prospektpfeifen waren im 1. Weltkrieg abgeliefert worden. 1961 wurde eine Restaurierung durch die Firma Paul Ott, Göttingen, ausgeführt. Die Traktur wurde überarbeitet und Reparaturarbeiten an den Pfeifen ausgeführt. Der Pedalumfang wurde um die Töne cis^1 bis f^1 erweitert. Hierbei wurden Blindkanzellen benutzt und die neuen Pfeifen in passender Bauart hinzugefügt. Die alte Mixtur wurde durch eine neue ersetzt und eine Trompete 8' im OW eingebaut. Die Orgel hielt jedoch der ungünstigen Heizung nicht stand, da die Windladen auf den Lagern geblieben waren und nur die notwendigsten Arbeiten daran vorgenommen wurden.
Auch wegen der schweren Spielbarkeit der ganzen Orgel waren seit Mai 1968 Bestrebungen im Gange, die Orgel gründlich zu restaurieren. Durch den vorgesehenen Heizungsumbau dauerte es bis zum Sommer 1974, bis die Restaurierung der Orgel in Angriff genommen wurde. Die Fertigstellung war im Frühjahr 1975. Es wurden folgende Arbeiten ausgeführt:
Die gesamte Orgel wurde ausgebaut.
Die Windladen und Wellenbretter wurden von den Lagern genommen und in die Werkstatt transportiert. Die Windladen wurden auseinandergenommen, indem die Zargen abgetrennt wurden. Nach dem Ausspänen der Risse wurden die Ventilöffnungen im Manualbereich der Hauptwerksladen von $c-f^3$ in der Breite ausgeglichen, die tiefe Oktave erhielt neue Doppelventile. Nach Abrichten der Windladen und Aufleimen der Zargen wurden sie mit Schafleder beledert. Die Schleifen wurden ausgeglichen und die Stöcke abgerichtet. Auf der Oberseite der Windladen wurden Fiberringe angebracht. Die Schleifenabdichtungen von der Stockseite aus geschah mit alterungsbeständigem Schaumstoff, auf den ein Fiberring aufgeleimt ist.

Abb. 33: Die Orgel in *Herzberg* (1845, 34/II+P, *J. A. Engelhardt*)

Am Gehäuse mußten verschiedene Ausbesserungs- und Ergänzungsarbeiten vorgenommen werden. Im großen und ganzen war das Gehäuse in Ordnung. Es ist ganz erstaunlich, daß an der Orgel überhaupt kein Holzwurmbefall vorhanden ist, obwohl das Holz z.T. von minderwertiger Qualität ist. Es liegt wohl daran, daß man damals verstanden hat, das Holz zur richtigen Jahreszeit zu fällen und eventuell zu flößen.

Abb. 34: Spieltisch und Traktur des Oberwerks der Orgel in *Herzberg*

Die Orgel war vor der Restaurierung sehr schwer spielbar. Die Traktur dehnte sich in der tiefen Lage des Hauptwerkes so stark, daß sich die Ventile kaum öffneten. Die Orgel klang daher sehr verstimmt. Durch die weitläufige Anlage, die auf Holzfußboden aufgebaut ist, war die Traktur ständigen Änderungen unterworfen, so daß es dauernd Heuler und ungleichmäßig hohe Tasten gab. Ein wesentliches Ziel war es daher, die Spieltraktur zu verbessern. Die gesamte Lagerung der Spieltraktur wurde erneuert. Die Wellenbretter wurden gründlich überholt, einzelne Wellen wurden ausgetauscht. Die neuen Teile wurden in alter Bauweise angefertigt. Die Traktur wurde auf weitgehende Leichtgängigkeit hin angelegt. Sie wurde gegen Heizungs- und Klimaeinflüsse beständig gemacht, blieb aber im Prinzip erhalten. Die Winkelbalken zu den Manualen wurden durch Gewichtsbelastung selbstregulierend eingerichtet. Auch die Pedaltraktur wurde leichtgängiger gemacht. Durch die Ventilkoppel wirkt sich hier die Pedalkoppel besonders stark aus, und man spürt es am Druckpunkt, wenn man sie dazu zieht. Die alten Klaviaturen wurden beibehalten und gründlich überarbeitet. Die Pedalklaviatur wurde renoviert. Das Spielschrankinnere wurde überarbeitet und ein neuer Notenkasten in

Abb. 35: Spieltisch der Orgel in *Herzberg*

Nußbaum angefertigt. Die Registertraktur wurde neu gelagert und die gesamte Funktion gründlich überarbeitet.
Die Windanlage wurde beibehalten, wie sie vorgefunden worden war. Hier war vor mehreren Jahrzehnten ein neuer Doppelfaltenbalg eingebaut worden. Die Kanäle sind original, und es wurden nur die Sperrventile repariert, sowie das Piano-Pedal. Es arbeitet so, daß die vorderen Laden, auf denen die lauten Register stehen, ausgeschaltet werden können. Hierzu sind zwei Tritte notwendig. Mit dem einen Tritt werden die vorderen Laden ausgeschaltet, mit dem anderen werden sie eingeschaltet. Wenn man auf das Piano-Pedal tritt, sind nur die hinteren Laden spielbar.
Die Pfeifen bestehen zu einem außergewöhnlich großen Teil aus Holz. Größtenteils wurde Fichte aus dem Harz genommen, die ja bekanntlich viele Äste aufweist. Dadurch waren die meisten Holzpfeifen undicht, sowohl an den Fugen als auch an den Aststellen. Die Vorschläge waren durch die Heizung zusammengetrocknet, so daß die Intonation sehr ungleichmäßig war und vor allem die tiefen Holzpfeifen sehr schlecht, ungleichmäßig, langsam und zum Teil gar nicht ansprachen.
Ich möchte jetzt im einzelnen die Register durchgehen

Hauptwerk
Das Prinzipal 16' im Hauptwerk ist von C an offen, es ist von C-B in Fichte, steht innen, ab H steht es im Prospekt. Ab d ist es innen stehend und von da an noch original, d.h. nicht original sind nur die Prospektpfeifen von H bis cis.
Oktave 8' ist von C-H in Fichte, ab c Metall.
Gemshorn 8' ebenfalls C-H in Fichte, ab c Metall.
Viola di Gamba 8', C-H Holz, Rest Metall.
Hohlflöte 8' ganz aus Holz, C-H gedeckt, der Rest offen, sie hat quadratischen Querschnitt.
Im übrigen ist zu erwähnen, daß sämtliche Holzpfeifen außer Doppelgedackt 8' und Doppelflöte 8' quadratischen Querschnitt haben, d.h. sie sind sehr breit labiert und daher auch sehr schwierig zu intonieren.
Das Doppelgedackt 8' hat 2 Labien, hinten und vorn, wie das bei Engelhardt üblich war. Es ist ganz aus Holz.
Oktave 4' ist ganz in Metall.
Gemshorn 4' ebenfalls Metall, konisch.
Fugara 4' ganz in Metall, trichterförmig.
Quintflöte 3' ist in Prinzipalmensur gebaut.
Oktave 2' Metall.
Sifflöte 1 3/5'. Die Echtheit dieses Registers war unsicher, weil auf dem Registerzug vermutlich Sifflöte 2' gestanden hat. Auf der größten Pfeife ist aber einwandfrei „Terzflöte 1 3/5' " zu lesen. Der Erbauer hat also hier wohl einen 1 3/5' für einen 2' durchgehen lassen.
Mixtur 4-fach. Dieses Register war neu von Ott und auf 1 1/3' gesetzt worden. Es wurde wieder auf 2' heruntergesetzt, da einwandfrei feststand, daß die Mixtur auf 2' basiert war. Der tiefste Ton der Mixtur fand sich als Cis in der Oktave 2' des Oberwerks wieder. Der 1. Chor der Mixtur ist also jetzt neu gemacht worden, und die übrigen 3 Chöre sind aus der 1961 neugebauten Mixtur. Sie repetiert jetzt bei c auf 2 2/3' und bei c' auf 4', der 1 1/3' läuft bei gs² in den 2' ein.
Trompete 8' wurde neu angefertigt, sie wurde rekonstruiert nach genauem Studium

der Engelhardtschen Zungenstimmen, die wir auch in Lerbach angesehen haben, und die man hier in dieser Orgel noch im Pedal vorfindet. Die Blöcke sind aus Holz gemacht, die Köpfe ebenfalls, die Kehlen sind in Löffelform aus Messing. Die Herstellung und Restaurierung der Zungenstimmen erfolgte in meiner Werkstatt.

Oberwerk
Quintatön 16' 24 Pfeifen in Fichte, der Rest in Metall
Prinzipal 8' C–H in Fichte, Rest in Metall
Salicional 8' C–H Fichte, Rest Metall.
Doppelflöte 8' ganz in Holz, wieder wie das Doppelgedackt des Hauptwerkes mit 2 Labien, vorn und hinten, gedeckt.
Flöte traver 8' ganz in Holz, in der tiefen Oktave gedeckt, in der kleinen und eingestrichenen Oktave offen, von c'' an überblasend. Dasselbe Register in fast genau gleicher Mensur finden wir noch als Fernflöte 4'. Hier sind 3 Oktaven in Holz, der Rest in Metall, die ersten 2 Oktaven sind offen und von c' an überblasend.
Oktave 4' ganz aus Metall.
Rohrflöte 4' ebenfalls, übliche Bauweise, die Deckel sind mit Leder abgedichtet.
Cornett 4 f. Dieses Register war vollständig durcheinandergeraten. Es wurde neu geordnet und neu zusammengestellt. Einige Pfeifen sind erneuert worden, die Zusammensetzung ist ab C 2', 1 1/3', 1', 4/5'. Es repetiert bei c auf 4', 2 2/3', 2', 1 3/5'. Alle Pfeifen sind in der klassischen Bauweise zylindrisch offen und weit.
Oktave 2' war versetzt worden, indem das Cis hinzugefügt wurde, sie ist jetzt wieder rückversetzt worden, so daß durch die Verlängerung der Pfeifen die originale Mensur wieder erreicht ist. Hierdurch stimmen auch die Aufschnitte wieder genau. Das Register gibt den Glanz, der dem Oberwerk sonst fehlen würde, da es keine Mixtur besitzt. Es ist erstaunlich, wieviel die Oktave 2' an Helligkeit hergibt. Sie ist sehr eng in der Mensur.
Die Trompete 8' ist neu, sie wurde in Anlehnung an die Engelhardtschen Zungen rekonstruiert wie die Hauptwerks-Trompete, nur unterscheidet sie sich von dieser erheblich: sie ist enger als die Hauptwerks-Trompete, hat schmalere, etwa 15 mm breite Zungen, und hat rundere, also geschlossenere Kehlen. Die tiefe Lage ist gedeckt, d.h. es wurden halbe Deckel auf die Becher aufgelötet. In der oberen Lage sind die Becher leicht eingezogen. Diese teilweise Deckung ist gemacht worden, damit die Trompete einen Oboen-Charakter bekommt, da ursprünglich hier wohl eine Oboe 8' vorgesehen war. Auf dem Registerschild steht aber „Trompete 8'". Ob hier jemals ein Engelhardtsches Register gestanden hat, konnte nicht festgestellt werden.

Pedal
Principal 16' von C-Fis Holz, innen stehend, ab G im Prospekt
Violon 16' bis Bordun 8' alle in Fichte.
Oktave 4' in Metall.
Posaune 16' Metallbecher, volle Länge, ziemlich weit. Dieses Register ist original erhalten. Die Kehlen wurden aufgefräst und neu beledert. Die Kehlen hatten zuletzt dünne Zinnauflagen und sehr enge Schlitze. Dadurch rasselten die noch originalen Zungen sehr stark, weil sie ungleichmäßig in der Stärke und in der Biegung waren. Die Zungen wurden durch Feilen ausgeglichen. Die Becherlängen

stimmten überhaupt nicht mehr, fast sämtliche Becher mußten verlängert werden. Die Becher waren zusammengebrochen, und das Ausformen und Zusammenlöten erforderte sehr viel Arbeit.

Trompete 8' original, ebenfalls Metallbecher, Messingkehlen, Holzköpfe und Holzblöcke. Hier waren etwa die gleichen Arbeiten wie bei Posaune 16' notwendig. Bei allen Metallpfeifen wurden notwendige Lötarbeiten zur Stabilisierung durchgeführt, auch an den Labien, damit sie nicht zusammenknicken. Viele Pfeifen mußten verlängert oder sonst an den oberen Rändern gelötet werden. Die großen Pfeifen erhielten Stimmlappen, weil sie zum großen Teil unzugänglich sind und man nur auf diese Art die Pfeifen stimmen kann.

Die gesamte Orgel wurde neu intoniert unter Berücksichtigung des alten Klangbildes. Dabei war die Festlegung des Winddruckes von besonderer Bedeutung. Nach einigen Versuchen wurde der Winddruck etwas höher festgelegt, als er vorgefunden wurde, und zwar entsprach das genau der Belastung des Balges mit allen alten handgeformten Ziegeln, die in der Balgkammer noch vorhanden waren. Er beträgt jetzt 77 mm Wassersäule.

Ein Problem bleibt noch: die Neuanfertigung der Prospektpfeifen. Aus finanziellen Gründen konnte dies noch nicht vorgenommen werden; es bleibt also vorläufig noch bei den von Furtwängler & Hammer eingebauten Zinkpfeifen, die sich allerdings nach Umintonation klanglich sehr gut bewährten, leider aber nicht schön aussehen.

Alle Maßnahmen an dieser Orgel wurden in Zusammenarbeit mit dem Sachverständigenausschuß vorgenommen. Hierzu gehörte außer dem zuständigen Orgelsachverständigen des Landeskirchenamtes, Herrn Winter, auch Herr Kantor und Orgelrevisor Hans Jendis.

Die Orgel wurde, wie ich schon sagte, im Frühsommer 1975 fertiggestellt und im September 1975 mit einem Konzert von Herrn Helmut Winter vorgeführt.

Abb. 36: Die Orgel in *Elze* (1827, 21/II+P, *Conrad Euler*)

Prospektgestaltung Furtwänglerscher Orgeln

von UWE PAPE

Die Gehäuse Philipp Furtwänglers weisen, wie so oft im frühromantischen Orgelbau, besonders charakteristische Züge auf, die sich über einen längeren Zeitraum hinweg verfolgen lassen. Insbesondere sind von 1838 bis 1858 einzelne Prospekte aus jeweils vorangehenden Entwürfen entwickelt worden, so daß sich Wandlungen im stilistischen Gepräge besonders gut ablesen lassen.
Bis auf wenige Ausnahmen haben wir Kenntnis von der Gestalt der Gehäuse; nur wenige wurden beseitigt, verändert oder durch Kriegseinwirkungen vernichtet. Nach 1858 ist der Einfluß von anderer Seite, z.B. von Architekten oder von seinen Söhnen, so groß, daß die Entwürfe nicht mehr als typisch für Philipp Furtwängler angesehen werden können. Hier bilden auch die Prospekte in Gronau, Varel, Nordstemmen und Triberg keine Ausnahme, die wir vermutlich Wilhelm Furtwängler zurechnen müssen.
Die ersten 10 Gehäusetypen sind durch klassizistische Strukturmerkmale wie geschlossene Gesimse, Giebeldreiecke, rechteckige Pfeifenfelder, sparsam verwendete Ornamentik, Säulennachbildungen und zierliche Schleierleisten geprägt. Die Horizontale wird durch vorspringende Gesimse unterstrichen, die Vertikale durch schlanke Pfeifenfelder bzw. durch entsprechend feine Aufteilung in die klassischen fünf Achsen betont, vor 1852 nur durch einen schlanken, von Euler entlehnten Gehäusetyp mit drei Achsen unterbrochen.
Nach 1850 werden zunehmend neugotische und neuromanische Stilelemente für die Prospektgestaltung bestimmend. Furtwängler kombiniert Spitzbögen und Rundbögen mit Gehäusetypen des vergangenen Dezenniums, gestaltet horizontale Gesimse bei Verwendung von Spitzbögen zu umlaufenden Treppengesimsen um und füllt mit einfachen Rosetten die Ecken über den Spitzbögen und mit durchbrochenen Füllungen kleine Felder über den Pfeifenfeldern. Prospekte mit Rundbogenfeldern behalten ihre horizontalen Gesimse, werden aber durch Blattleisten auf den Gesimsen ergänzt.

Amelsen 1838
Frenke 1853

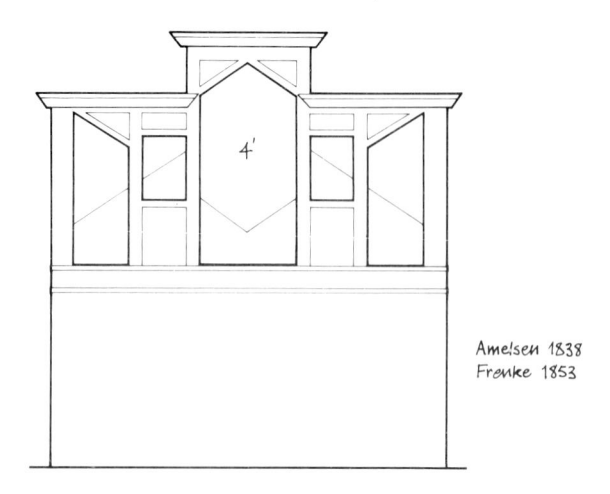

Abb. 37: Grundform der ersten Orgeln mit Principal 4′ im Prospekt

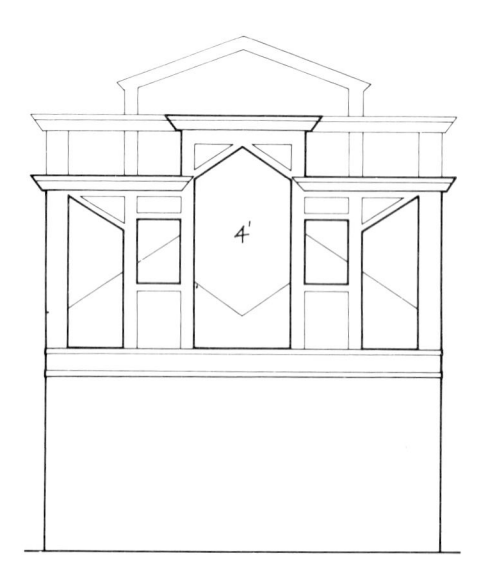

Abb. 38: Die Grundform in Abb. 37 wird zu einer rechteckigen Gehäusefront mit Aufsatz erweitert. Dies ist insbesondere bedingt durch die Aufstellung eines Bordun 16′ hinter dem Principal 4′

Wittenburg 1840
Beber 1842 ?
Hohnsen 1847

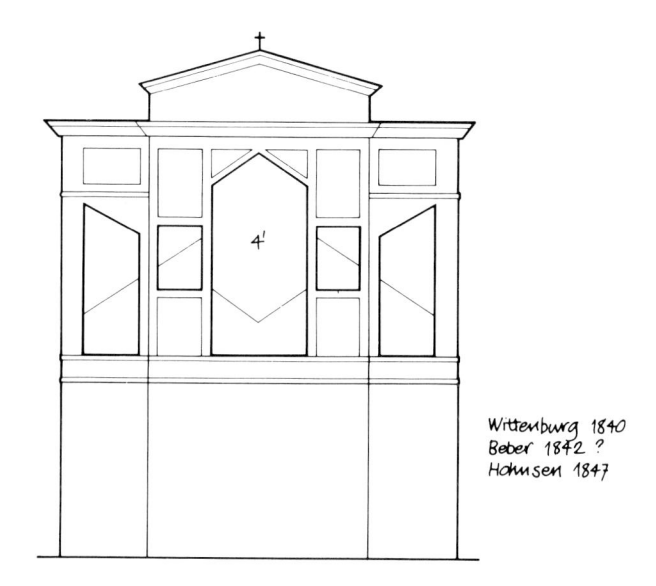

Abb. 39: Die erweiterte Grundform aus Abb. 38

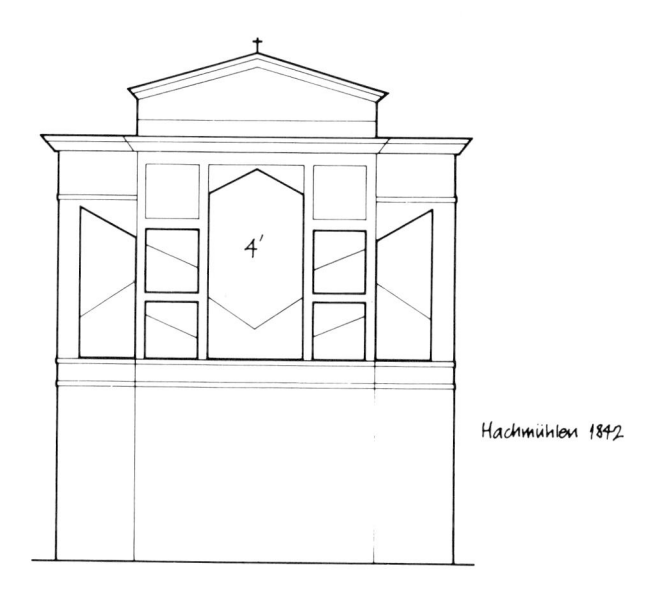

Hachmühlen 1842

Abb. 40: Die Grundform aus Abb. 39 mit je zwei Feldern in der zweiten und vierten Achse

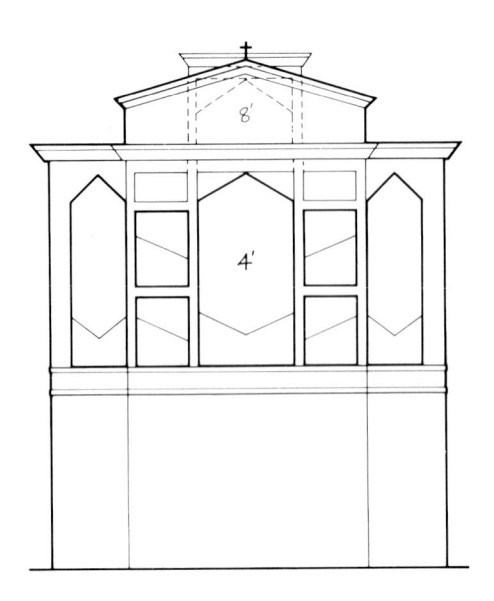

Abb. 41: Die Grundform in Abb. 40 wird erweitert durch Überhöhen des Mittelfeldes zu einem 8'-Turm. Damit ist eine Aufstellung der Tenorfelder in Terzen verbunden (*Geversdorf* 1843, *Üpen* 1849, *Krautsand* 1849)

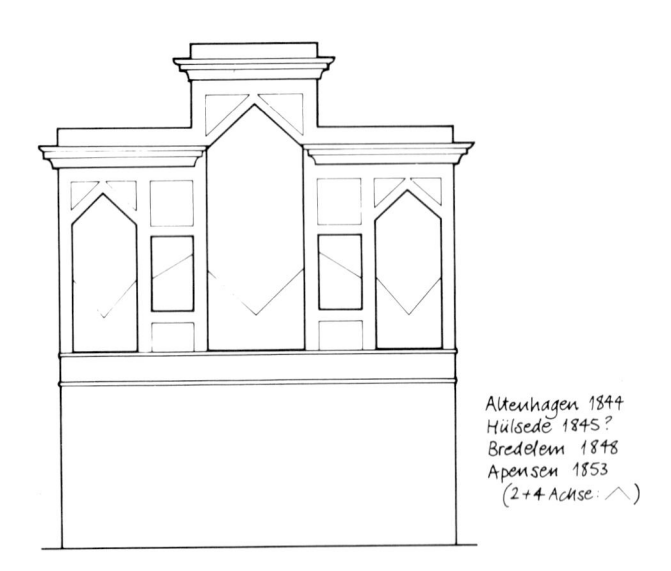

Altenhagen 1844
Hülsede 1845?
Bredelem 1848
Apensen 1853
(2+4.Achse: △)

Abb. 42: Kombination der 8'-Grundform in Abb. 41 mit den Grundformen in den Abb. 37 bis 39 (je ein Feld in der zweiten und vierten Achse)

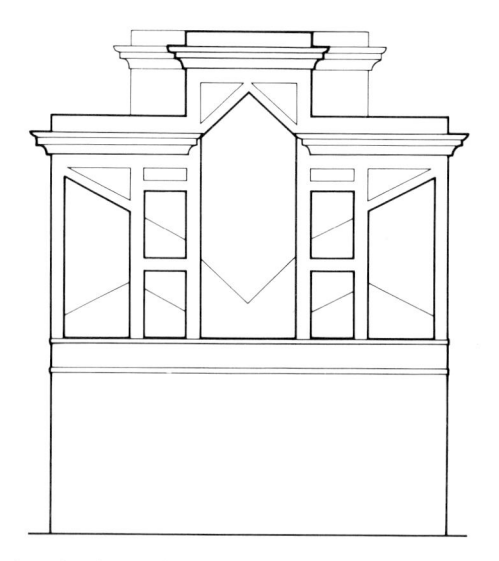

Abb. 43: Erweiterung der 8'-Grundform in Abb. 41 zu einem rechteckigen Gehäusetyp. Hier werden die Seitenfelder für Pfeifen des Pedalwerks verwendet (vgl. auch Entwurf *Solschen*, Seite 120)

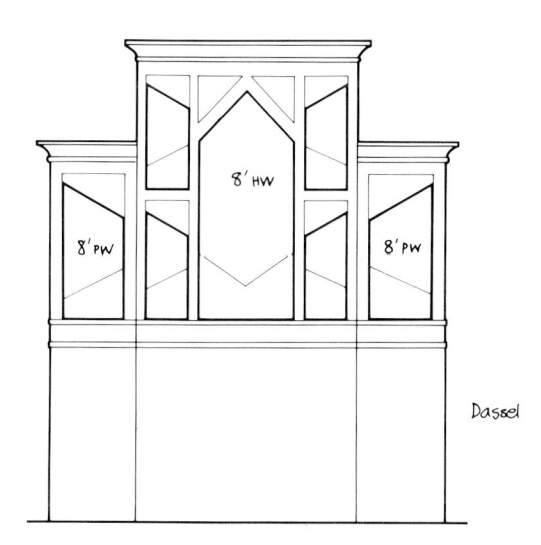

Abb. 44: Rekonstruktion des Orgelprospektes in *Dassel* aufgrund der noch vorhandenen Stöcke der Principale 8' im Hauptwerk und Pedalwerk

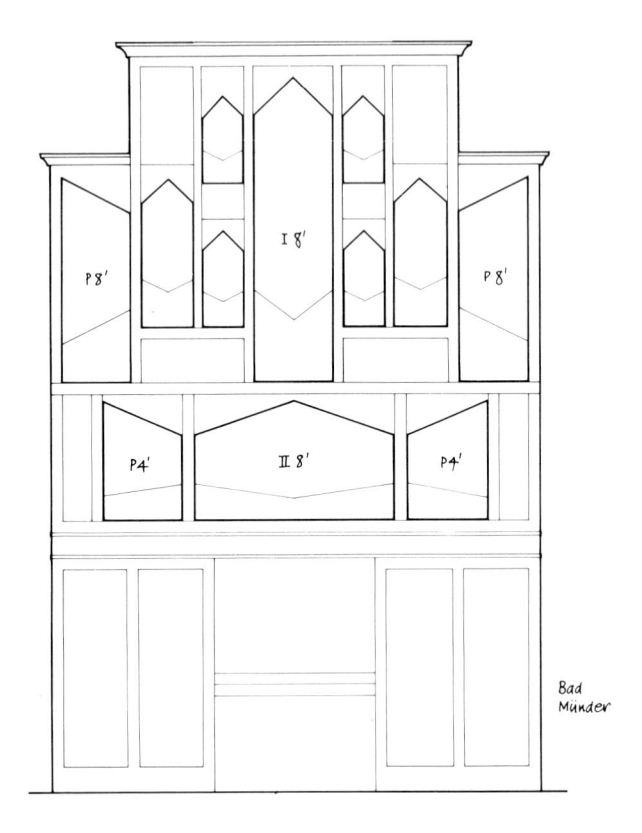

Abb. 45: Rekonstruktionsversuch des Orgelprospektes in *Münder* aufgrund der handschriftlichen Aufzeichnungen anläßlich der Pfeifenabgabe 1917. Diese 1847 erbaute Orgel ist die erste große Orgel *Furtwänglers* (32/II + P) und beinhaltet verschiedene Gestaltungsprinzipien der frühen Jahre 1838 bis 1845

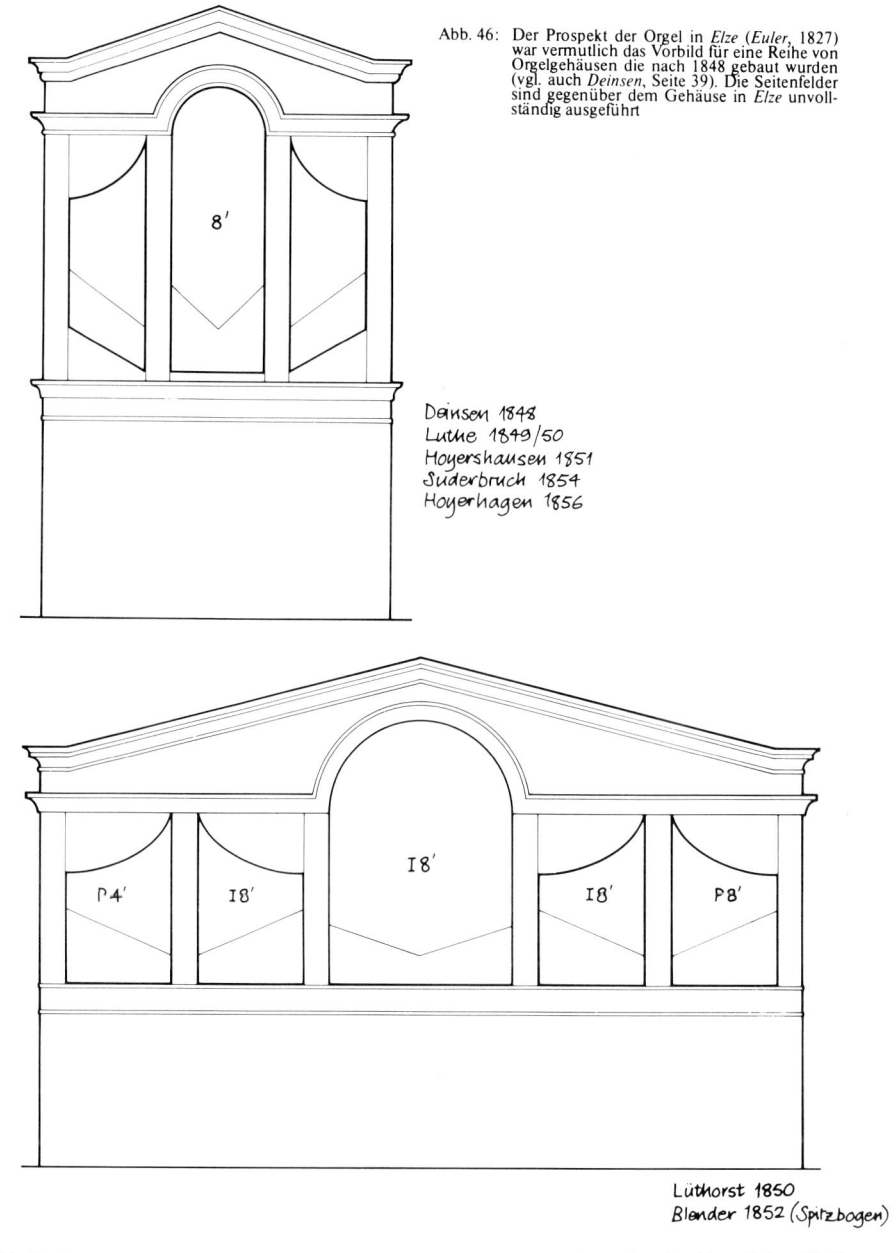

Abb. 46: Der Prospekt der Orgel in *Elze* (*Euler*, 1827) war vermutlich das Vorbild für eine Reihe von Orgelgehäusen die nach 1848 gebaut wurden (vgl. auch *Deinsen*, Seite 39). Die Seitenfelder sind gegenüber dem Gehäuse in *Elze* unvollständig ausgeführt

Deinsen 1848
Luthe 1849/50
Hoyershausen 1851
Süderbruch 1854
Hoyerhagen 1856

Lüthorst 1850
Blender 1852 (Spitzbogen)

Abb. 47: Eine breit ausladende Variante des *Elzer* Prospektes. Die Pedalladen stehen neben den Manualladen. Die 4'-Oktave von Principalaß 8' steht in den Seitenfeldern des Prospektes

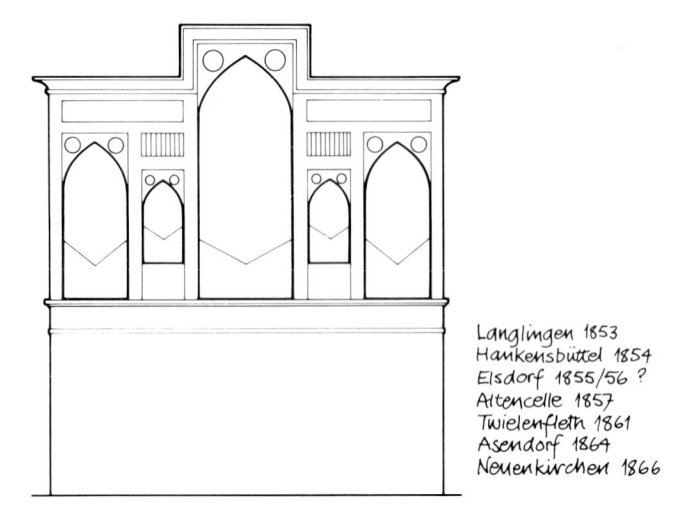

Langlingen 1853
Hankensbüttel 1854
Elsdorf 1855/56 ?
Altencelle 1857
Twielenfleth 1861
Asendorf 1864
Neuenkirchen 1866

Abb. 48: Die Grundform in Abb. 42 wird im Zuge der Anpassung an die neugotische Architektur zu einem eigenständigen Gehäusetyp weiterentwickelt

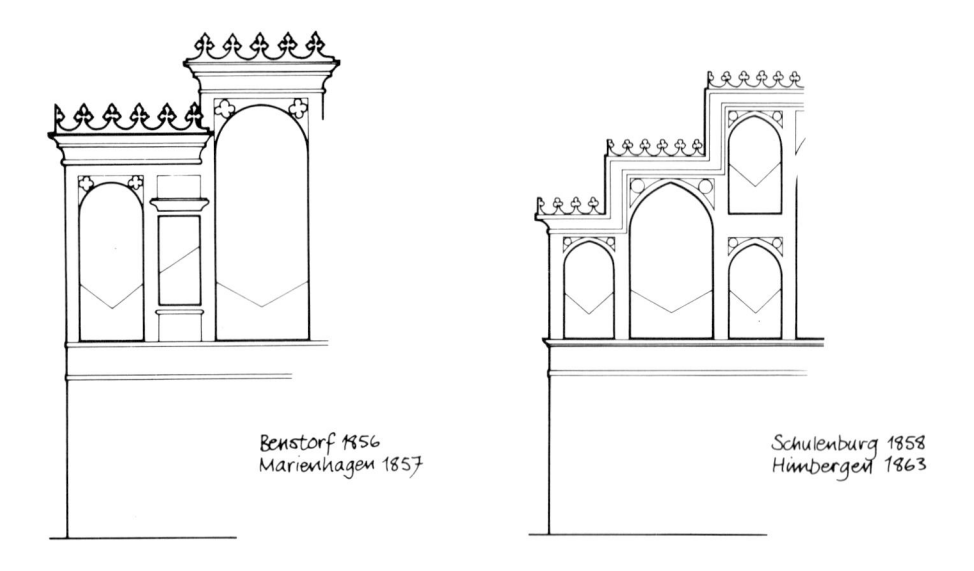

Benstorf 1856
Marienhagen 1857

Schulenburg 1858
Humbergen 1863

Abb. 49: Neuromanische Variante der Grundform in Abb. 48

Abb. 52: Neugotische Variante der Grundform in Abb. 51

Adensen 1852

Abb. 50: Erster neugotischer Entwurf, abgeleitet aus den Grundformen in den Abb. 42 und 47. Erweiterung des alten Grundschemas um Seitenfelder und Verwendung der vier Außenfelder für das Pedalwerk

Entwurf Groß Solschen 1853
Eldagsen 1854
Beedenbostel 1855
Meine 1857
Garlsdorf 1857-58

Abb. 51: Weiterentwicklung des Gehäuses *Adensen* (Abb. 50) beziehungsweise der Grundformen in den Abb. 44 und 49 zu einem strengen Schema mit sieben Achsen

Einige Bemerkungen zur Orgel in Gronau

von MARTIN HASPELMATH

Ich habe heute morgen versucht, die Orgel, soweit dies möglich war, durchzustimmen. Jetzt möchte ich kurz berichten, was mir dabei aufgefallen ist, insbesondere was nicht mehr original ist.
Die Orgel ist 1936 von der Firma *Führer* überholt worden. Dabei blieb die originale Balganlage erhalten, aber die Kanäle sind zum Teil neu gebaut worden. Die Kanäle von der Balganlage hinten im Turm bis zur Orgel sind original. Sie gehen in Schwimmerbälge, die hinten in der Orgel liegen. Von da aus sind neue Kanäle in die Windladen gebaut. Sie haben Achtel-Kröpfungen, sind also vermutlich ganz neu.
Die Trakturen sind in ihrer Anlage und im Material original, die Wellen sind aber geachst. Deshalb sollte man vielleicht sagen, daß sie neu angelegt sind. Die Tasten sind ausgetucht, obgleich die alten Führungsstifte noch erhalten zu sein scheinen. Ich sage dies bewußt ohne Wertung der Arbeit, denn wir haben heute alle mit demselben Problem zu tun. Wir kommen zum Teil, auch wenn ich Herrn *Janke* anspreche, aus *einer* Firma, und haben das mit alten Orgeln genauso gemacht. Ich habe das zum Beispiel in *Herzberg* gemacht, wo wir gestern waren, und wo Herr *Janke* diese Fehler wieder ausgemerzt hat. Wir waren alle im guten Glauben, daß man die Trakturen so behandeln müßte, damit sie modern sind. Heute denken wir, wie auch Herr *Schild* aus der Firma *Führer,* anders darüber und wissen, daß wir die Trakturen damit kaputt machen und uns hinsichtlich der Interpretation die schönsten Möglichkeiten nehmen.
Die Zungenstimmen wurden von der Firma *Führer* erneuert, und auch die Pedalmixtur wurde neu eingebaut, scheint aber älter zu sein.
Die Prospektpfeifen sind zum Teil alt aus Zink und sind als solche nur zu erkennen, wenn man sie von nahem sieht. Das sind die beiden Seitenfelder links und rechts und im Mittelfeld zum Beispiel die drei größten Pfeifen. Auch oben in den kleinen Feldern sind die drei mittleren Pfeifen alt. Wenn man näher hinsieht, erkennt man den Unterschied: die Unterlabien sind länger und kippen bei den größten Pfeifen nach unten hin weg. Das ist die Bauweise *Furtwänglers* bei Prospektpfeifen, sowohl bei Zink als auch bei Metall.
Der jetzige Zustand der Orgel ist nicht der, den *Führer* nach Kündigung des Pflegevertrages verlassen hat. Ich habe heute morgen mehrere Pfeifen eingesetzt, die daneben standen. Die Trompete lag zum Teil kreuz und quer auf dem Laufboden, so daß sich die Becher verziehen konnten.
Es ist auch interessant zu wissen, daß in dieser Orgel ein Bündel von Pfeifen aus einer älteren *Meyer*-Orgel liegt.
Wenn ich diese Bemerkung mache, müssen Sie stets bedenken, daß die Orgel seit 1972 nicht mehr gepflegt wird. Das Landeskirchenamt hat bei historischen Orgeln einen totalen Baustop verfügt, um zu verhindern, daß Orgelbauer, die sich die Methoden einer sorgfältigen Pflege noch nicht zu eigen gemacht haben, offene Pfeifen durch zu häufiges Stimmen ruinieren. Wir, die wir uns vorwiegend mit alten Orgeln befassen, haben gelernt, daß man offene Pfeifen nicht mit dem Stimmhorn, sondern mit dem Pinsel stimmt. Deshalb sehe ich bei der Wiederherstellung

Abb. 53: Die Orgel in *Gronau* (1859, 57/III+P, *Ph. Furtwängler*)

von *Furtwängler*-Pfeifen auch keine Probleme. Sind sie einmal hergerichtet, werden sie ausgepinselt, wenn sie verstimmt sind.

Ich halte es für gerechtfertigt, diesen Notstand hier wieder aufzuheben und eine Pflege wieder zuzulassen. Eine Orgelpflege ist nicht mit einer Orgelstimmung identisch; eine Pflege sollte sich vorwiegend auf die Regulierung der Mechanik, Überprüfung der Windladen und ähnliche Dinge beziehen. Das Stimmen ist das wenigste, denn eine nach alten Prinzipien gebaute Orgel verstimmt kaum.

Auch im Winter, wenn die Heizungsverhältnisse die Orgel nahezu unbrauchbar werden lassen, läßt sich mit behutsamen Methoden doch einiges bessern, ohne Pfeifen zu verändern.

Hinweise von Herrn Paschen
Bei der Verwendung von Stimmhörnern ist zu beachten, daß sie einen sehr spitzen Konus haben sollten. Die im Handel erhältlichen Stimmhörner sind zu flach, und die Belastung für die Pfeife ist zu groß.

Herr *Haspelmath* erwidert, daß das von ihm am häufigsten verwendete Stimmhorn mit spitzem Konus von ihm selbst angefertigt worden sei.

Hinweis von Herrn Rensch
Ich möchte darauf aufmerksam machen: das Wesentliche am Stimmhorn ist nicht die Schräge des Konus. Das Wesentliche ist, daß ein Stimmhorn nicht gedreht wird. Ein Stimmhorn soll hergestellt werden durch Rundklopfen über einer Form. Ich weiß das nicht aus eigener Erfahrung, sondern aus dem *Dom Bedos,* mit dem ich mich zur Zeit beschäftige. Man soll Kupfer- oder Messingblech nehmen, das hart verlöten und klopfen. *Dom Bedos* gibt keine Begründung an, aber es ist ganz klar, warum. Dadurch, daß das Metall geklopft wird, hat es immer kleine Unebenheiten, und wenn Sie das Stimmhorn beim Arbeiten nur etwas drehen, kommen Sie mit einer Unebenheit an eine andere Stelle. Das heißt: Sie klopfen nie mit gleichbleibender Wucht auf die ganze Pfeife, sondern nur auf die durch Unebenheiten des Stimmhorns bedingte Bereiche.
In meiner Praxis habe ich immer zwei Stimmhörner mit verschiedenen Konen in der Hand gehabt und habe mal mit dem einen, mal mit dem anderen gestimmt.

Abb. 54: Die Orgel in *Mehle* (1829, 11/I+P, *Conrad Euler*)

Die Orgel in Mehle

von LUDWIG HOFFMANN

Die Orgel in *Mehle* wurde im Jahre 1829 von der Firma *Euler* in Gottsbüren erbaut. Das war 51 Jahre nach der Einweihung der Kirche. Diese Orgel hatte wahrscheinlich demnach keine Vorgängerin.
In dem Vertrag aus dem Jahre 1828 wird folgende Disposition genannt:
Manual
Principal 4' im Prospekt von 13löth. Zinn mit aufgeworfenen Labien
Octave 8' von 5löth. Metall, tiefe Octave von Eichenspaltholz
Gedact 8' von Eichenspaltholz
Salicional 8' von 9löth. Zinn
Quinte 3' von 5löth. Metall
Octave 2' desgleichen
Hohlflöte 4' von Eichenspaltholz
Mixtur 3-fach von 5löth. Metall, auf 1' beginnend, rep. 3 mal.
Pedal
Subbaß 16' von Eichenspaltholz
Octavbaß 8' von Eichenspaltholz
Trompete 8' Zungen und Kehlen von Messing, Becher von Eichenspaltholz
In diese Disposition wurden schon damals mit Bleistift Änderungen eingeschrieben. Dies betrifft die Quinte 3' (dafür eine Fernflöte 8') und die Trompete 8' (dafür ein Fagottbaß 16') sowie die Mixtur, erweitert auf Mixtur-4-fach mit dem Vorschlag, den kleinsten Chor als Terz 2/5' zu disponieren. Ob diese Veränderungen genau ausgeführt worden sind, ist nicht ganz klar. Es steht nur fest, daß *Euler* eine 4-chörige Mixtur und einen Fagottbaß 16' gebaut hat.
Aus der Orgelakte geht bis 1917 nichts weiter hervor. Es wird auch nicht erwähnt, wann die Pedalkoppel (vermutlich von *Furtwängler*) gebaut worden ist. 1917 wurden die Prospektpfeifen von der Firma *Furtwängler und Hammer* ausgebaut und durch Zinkpfeifen ersetzt. Die alten Pfeifen wurden sorgfältig vermessen; eine Zeichnung und die Tabellen wurden in der Akte hinterlegt. Später wurde die Orgel von der Firma *Furtwängler und Hammer* betreut. Das Instrument war aber damals schon in einem ziemlich schlechten Zustand.
1926 wurde im Rahmen einer Fragebogenaktion des Landeskirchenamtes die Disposition das erste Mal wieder aufgeführt.
(Hinweis von Herrn *P. Drömann:* Diese Aktion war die erste Arbeit von Herrn *Dr. Christhard Mahrenholz* nach seinem Eintritt in die Dienste des Landeskirchenamtes). In diesem Fragebogen werden keine Quinte, nur eine dreifache Mixtur und ein Fagottbaß 16' erwähnt, alle mit dem Zusatz unbrauchbar. Anläßlich einer Revision der Orgel im Januar 1938 durch Herrn Pastor *Drömann* wird der Zustand als völlig ungenügend bezeichnet. Das Werk ist gänzlich verfallen, das Metall ist so schlecht, daß es wie Glas bricht. Eine Überholung wird vorgeschlagen, die von der Firma *Faber* in *Salzhemmendorf* ausgeführt wurde. Dabei kommt eine Quinte 2 2/3' auf den Platz des Salicionals. Sie beginnt erst mit $c^°$, weil Fernflöte und Salicional in der tiefen Oktave zusammengeführt waren. Alle Metallpfei-

fen wurden erneuert, und zwar nach den damaligen Bestimmungen, die die Verwendung von Zink bis 2 $^2/3'$ vorschrieben. Die Originalität des Salicionals steht außer Frage; dies geht aus der Windführung in den Stöcken hervor, und auch die Stellung der Quinte zwischen Gedact und Fernflöte deutet darauf hin.

Im Jahre 1953 wurde die Kirche renoviert und erhielt eine Luftölheizung, die ein Temperaturgefälle von 1,5º pro Meter mit sich bringt. Im Jahre 1965 wurde ich zum ersten Mal aufgefordert, die Orgel durchzusehen und zu stimmen. Eine Stimmung war jedoch aufgrund einer Vielzahl von Heulern und Durchstechern sowie infolge fehlender oder nicht mehr ansprechender Pfeifen und einer desolaten Mechanik undurchführbar. Ich habe darauf hingewiesen, daß eine gründliche Reinigung bzw. Renovierung unvermeidlich sei. 1966 habe ich daraufhin einen Kostenvoranschlag gemacht, jedoch nicht unter Berücksichtigung der Denkmalswürdigkeit, denn damals stand die Orgel noch nicht unter Denkmalschutz. Erst am 11. Juli 1968 wurde vom Landeskirchenamt verfügt, daß die Orgel im Sinne der Denkmalpflege zu behandeln sei.

Die Anordnung der Pfeifen innerhalb dieser Orgel deuten daraufhin, daß einige Register nicht für dieses Instrument konstruiert waren. Es ist zu vermuten, daß beim Verlassen der Orgel in *Gottsbüren* oder *Wahmbeck* oder *Hameln* Pfeifen einer anderen Orgel für Mehle verpackt wurden.

Die Bohlen der Stimmgänge waren zum Teil aus Eichensplintholz. Sie sind vermutlich die Ursache für den frühen Holzwurmbefall in der Orgel gewesen, der zur Zerstörung wesentlicher Teile des Instruments geführt hat.

Das Gehäuse von 1829 ist entgegen der Meinung von Sachverständigen niemals wesentlich verändert worden. Das Auftreten von unterschiedlichen Gehäuseformen findet sich auch bei anderen *Euler*-Orgeln, und die harfenförmigen Abschlüsse deuten auch hier auf den Bezug der Familie *Oestreich* hin, die für die Mischung unterschiedlicher Prospektformen bekannt ist. Eine harfenförmige Verbindungsleiste über den Seitenfelderpaaren, die eine Stoffbespannung trug, war nicht original und ist beseitigt worden.

Die Orgel hatte bis zur Restaurierung, die ich 1973 ausführte, auch noch die originale Pedalklaviatur von C bis c^1. Die Tasten waren sehr schön geformt, hatten jedoch nur eine Länge von 33 cm. Die Sitzposition war für einen Organisten unzumutbar. Wenn man auf der Orgelbank saß, hatte man das Gefühl, unmittelbar in das Notenpult zu stürzen. Ein Pedalspiel war kaum möglich. Es war auch keine Ruheleiste für den Fuß vorhanden, es sei denn, man setzte ihn außen auf den schmalen Pedalklaviatur-Rahmen. Bei der Festlegung der Bauarbeiten ist die Veränderung der Sitzposition mit berücksichtigt worden; die Pedalklaviatur ist etwas eingerückt worden.

Die Balganlage stand hinten im Turmraum. Das elektrische Gebläse war an den unteren Keilbalg angeschlossen. Die jetzige Anordnung der Balganlage ist noch nicht endgültig. Die Falten der Bälge mußten gegen Holzwurmbefall behandelt werden.

Die Orgel war auch in hohem Maße windstößig. Der Kanal zur Pedallade, der senkrecht zum Hauptkanal verläuft, war sieben cm tief in diesen eingelassen. Beim Pedalspiel war die Windversorgung für das Manual nicht mehr ausreichend. Diese auf *Euler* zurückgehende Anlage wurde so abgeändert, wie es auch sonst von der Firma *Euler* ausgeführt wurde.

Die neuen Prospektpfeifen wurden nach dem Aufriß von *Furtwängler und Hammer* angefertigt. In der Annahme, daß ursprünglich die Außenmaße aufgenommen wurden, habe ich bei der Konstruktion die Metallstärke berücksichtigt und abgezogen. (Hinweis von *Martin Haspelmath*: Wir haben in Walsrode das gleiche Problem gehabt. Ich habe jetzt einen Prospekt gefunden, zu dem zufälligerweise sowohl die Pfeifen als auch die Aufmaße da sind. Da habe ich bemerkt, daß tatsächlich Plattenbreiten aufgeschrieben worden sind: beim Aufnehmen der Maße ist sofort auf Plattenbreiten umgerechnet worden.) Die alten Pfeifen von *Furtwängler und Hammer* waren weiter als original gebaut worden. Das ist heute noch an den Anhängeleisten erkennbar.

Der Gutachter sah vor, dem ursprünglichen Wunsch *Eulers,* eine Quinte $2\,2/3'$ zu bauen, zu folgen. Diesem Plan wurde stattgegeben, die Stimme hat aber heute infolge ihrer Stellung zwischen zwei $8'$-Registern keinen Platz zum Ausblasen. Da die Stockbohrungen der Mixtur original erhalten sind, mithin 4 Chöre vorgesehen waren, haben wir uns entschlossen, die Mixtur wieder 4-fach herzustellen. Die Mixtur wird mit einem $1\,1/3'$ begonnen haben, weil *Euler* sich ja entschlossen hatte, keine Quinte $2\,2/3'$ zu bauen.

Die Zungenstimme im Pedal haben wir wieder als Fagottbaß $16'$ hergestellt, da es 1938 noch als originale $16'$-Stimme erhalten war. Die Mensur habe ich von einer *Euler*-Orgel von 1875 in *Hof* bei *Kassel* übernommen; ein Kollege übergab mir die Maße des Fagott $16'$ in $8'$-Länge. Die Ansprache der Stimme ist aber sehr schlecht. Wenn Subbaß $16'$ und Oktave $8'$ gezogen werden, sinkt der Winddruck über die Maßen ab: auf C sind dann nur noch 36 mm WS zu messen. Möglicherweise sind die Windverhältnisse in *Hof* bei *Kassel* günstiger.

Die Metallpfeifen sind sämtlichst erneuert worden. Was von *Euler* noch vorhanden war, war wirklich nicht mehr brauchbar. Diese und die *Faber*schen Zinkpfeifen, die in der Mensur nicht zu der Orgel paßten, sind nach dem Legierungsplan *Eulers* angefertigt worden.

Abb. 55: Die alte Klaviatur der Orgel in *Mehle*

Die Manualklaviatur und die Pedalklaviatur sind neu gebaut worden. Die Maße der Manualklaviatur sind von dem noch erhaltenen Original übernommen worden. Im Pedal sind die Tasten verlängert worden; sie haben eine Länge von etwa 65 cm. Die Teilung der Pedalklaviatur ist unverändert geblieben.
Die Bewegung der zweiarmigen Hebel der Manualklaviatur wird durch eine Wippe zum Wellenbrett übertragen. Das eigentümliche an diesen Hebeln ist, daß sie den Tastengang nicht untersetzen, wie wir es auch heute gewohnt sind, sondern übersetzen: der Gang am Wellenbrett ist größer als der Tastengang. Die Spielart ist dadurch etwas zäh. Wir haben versucht, sie durch sehr leichte Federn zu verbessern. Die Ventile sind relativ breit und kurz. So ist auf C das Ventil 30 mm breit und nur 16 cm lang.
Die Holzlager der Wellen wurden erneuert. Sie waren aus Weißbuche und vom Holzwurm zerfressen. Die Mechanik ist vollkommen neu ausgetucht worden. Abstrakten und Ledermuttern wurden beibehalten. Das Pulpetenbrett mußte erneuert werden, weil auf der C-Seite außen ein langer Splintteil im Brett enthalten war, der dementsprechend vom Holzwurm angefressen war, und zwar genau in dem Bereich, in dem die Pulpeten (Messingpulpeten) waren. Es wurde beschlossen, die Messingpulpeten nicht wieder zu verwenden, sondern mit dem neuen Pulpetenbrett Lederpulpeten einzubauen.
Die Registermechanik ist unverändert geblieben.
Die Pedalkoppel wurde neu angelegt, weil die von *Furtwängler* konstruierte Koppel nicht mehr brauchbar war. Es war eine „Schleuderkoppel", bei der das Koppel-Wellenbrett samt Winkelleiste und Abstraktur in die liegende Pedaltraktur eingeschwenkt wurde. An den Pedalabstrakten waren seitlich kleine Klötzchen angeleimt, die bei eingeschalteter Koppel die Winkelärmchen mitnahmen. Es kam bisweilen vor, daß die Koppel beim Einschalten über die Abstrakten hinwegglitt und dadurch die Abstrakten verklemmte und Heuler verursachte. Die neue Koppel ist eine Wippenkoppel, die mit einem Kniehebel eingeschaltet wird.

Die Orgel der Marienburg

von CHRISTIAN EICKHOFF

Auf Ihrer Studienreise haben Sie bisher frühere Furtwängler-Orgeln mit noch eindeutig klassischem Klangbild kennengelernt.
Unsere Tagung begann in Deinsen an einer Orgel aus dem Baujahr 1848. Die heutige letzte Orgel-Vorführung endet hier mit einem Orgelinstrument aus dem Baujahr 1868. In diesen Jahren hatte der Orgelklang eine große, entscheidende Wandlung erfahren, die parallel zu den orchestralen Tonschöpfungen der Romantik verlief.
Gliederung und Proportionierung der Schloßkapelle und Orgelprospekt sind ein Meisterwerk der Neugotik und seiner Architekten Haase und Oppler, gebaut in den Jahren 1857 bis 1868 im Auftrage des letzten Königs von Hannover, Georg V. Das Orgelspiel war ohne Reparatur und Renovierung seit Bestehen der Marienburg ausgeübt worden; ohne nennenswerten Verschleiß, weil die königliche Familie hier nur in wenigen Sommermonaten residierte; von September bis Mai war die Burg nicht bewohnbar.
Im 2. Weltkrieg wurden Kirchdach und Fenster beschädigt, Flüchtlinge wurden einquartiert — an Orgelspiel dachte hier kein Mensch, Wind und Wetter und Taubenkot beschädigten das Orgelwerk. Nach Abschluß der Kapellen-Renovierung wurden der Orgel nach 30-jähriger Pause wieder die ersten Töne entlockt; es war ärgerlich und kein Genuß.
Prinz Ernst August rief uns hinzu und erteilte nach kurzen Verhandlungen den Auftrag zur Wiederherstellung des alten Zustandes.
Die Forderung nach werkgetreuer Restaurierung einer Orgel bezieht sich gleichermaßen auf Klang und Technik. Es gilt also, sich in den jeweiligen Zeitgeschmack zu versetzen, frei von Wunschvorstellungen und Hörgewohnheiten der eigenen Person oder, was manchmal kritischer und schwieriger wird, auch frei von den Ansichten und gut gemeinten Ratschlägen fremder oder außenstehender Personen.
Wir Orgelbauer haben es da relativ einfach: in Kenntnis der klanglichen und baulichen Zusammenhänge einer Pfeife sowie eines Registerverlaufs liefert die Pfeife selbst das schlagende, unausweichliche Argument Fußöffnung, Kernspalte, Körperlänge und Winddruck haben ein ganz bestimmtes Klangergebnis zur Folge, ganz gleich, ob es paßt oder nicht. Diese Erfahrung haben wir vor knapp 2 Jahren auch hier an dieser Orgel machen müssen.
Meine Damen und Herren, Sie können sich nicht vorstellen, wie viel Staub über Niedersachsens Feldern und wie viele Tauben-Hochzeiten ausgerechnet in dieser hohen Orgel zusammenkamen! Eine dicke Staubschicht, die auf den Kernen der Pfeifen und im Orgelinneren ausgebreitet lag, hatte die Wirkung von Watte.
Die Restaurierung beschränkte sich auf die General-Reinigung und auf eine gründliche Überholung und Teilerneuerung der mechanischen Spieltraktur. Die für Furtwängler typischen Messing-Schenkelfedern an den Enden der Eisenwellen waren oxydiert und brachen — sie wurden ersetzt, ebenso die Drahtverbindungen in Spieltisch und Traktur. Erneuerungsbedürftig waren die Polsterungen der Manual- und Pedal-Klaviaturen und die Dichtung der Deckel der gedeckten Pfeifen.

Nach Reinigung und Intonation wirkte der Orgelklang erwartungsgemäß zu laut und stark auf die Ohren, die kurz zuvor noch einen ganz anderen, matten Ton vernommen hatten.

Es bedurfte einiger Mühe und längerer Erläuterungen, Ihrer Königlichen Hoheit den zwangsläufigen Unterschied des Klangzustandes vor und nach einer Restaurierung verständlich und eine Interpretation für die kräftige Intonation glaubhaft zu machen.

Unser Augenmerk galt immer der Erhaltung alter Materialien und, wo Verschleiß oder Zerstörung eingetreten war, der originalen Nachbildung.

Ich wünsche Ihnen, meine Damen und Herren, eine bleibende und gute Erinnerung an unsere gemeinsame Fachtagung im Zeichen des Mechanicus und Orgelbauers Philipp Furtwängler und seiner frühromantischen Orgelbauer-Zeitgenossen.

Abb. 56: Die Orgel der *Marienburg*

Dokumentenausstellung

1. **Philipp Furtwängler**
   (1800–1867)
   Lebensbild um 1860

2. **Erste Werkstatt** und Wohnhaus Furtwänglers
   in Elze (Zustand 1972)

3. **Zweite Werkstatt** Furtwänglers
   (Vgl. auch Nr.4)

4. **Werkstatt Furtwängler und Söhne**
   (Nach dem Verkauf an die Firma Rödiger)
   (Vgl. auch Nr. 3)

5. **Beber**
   Kostenanschlag für einen Neubau
   (24.5.1841)

6. **Amelsen**
Erste Orgel Furtwänglers,
ursprünglich in der Brüstung,
1975 durch einen Neubau (Frerichs) ersetzt.
1838−7/I
Principal 4′ im Prospekt

7. **Hachmühlen**
   Erste zweimanualige Orgel Furtwänglers
   1842 – 16/II + P
   Principal 4' im Prospekt

8. **Diverse Dispositionen**
   Aus der Zeit um 1842

9. **Lafferde**
   Dispositionsentwurf um 1842

10. **Geversdorf**
    Zeichnung

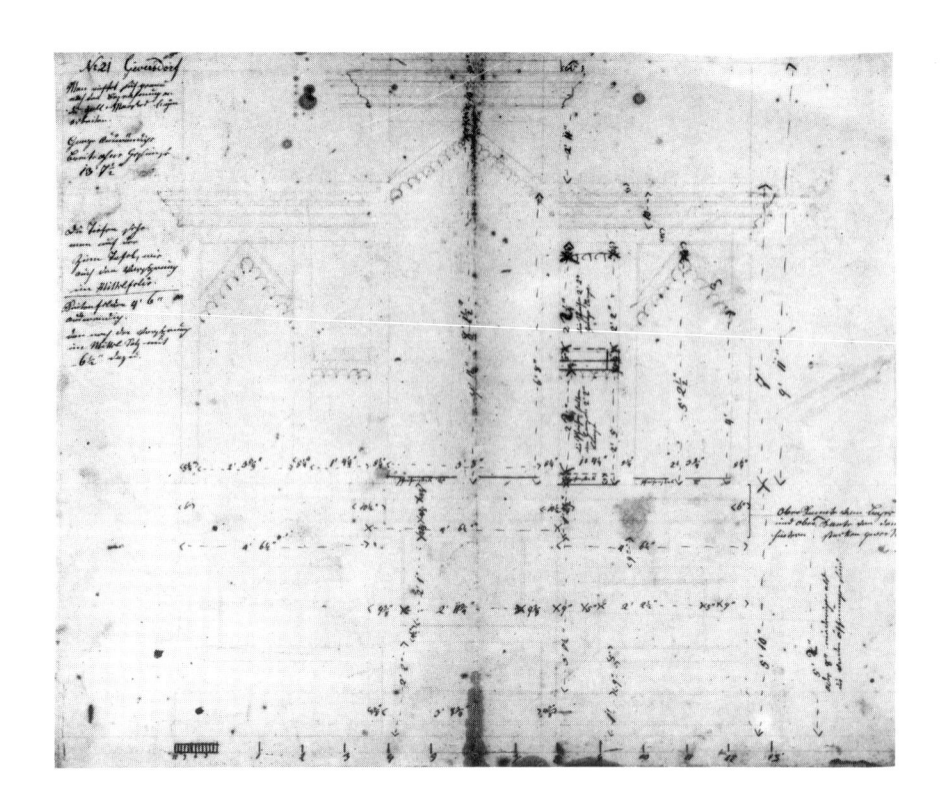

11. **Geversdorf**
    Zeichnung

12. **Geversdorf**
    Mensurübersicht

13. **Geversdorf**
    1843−22/II + P
    Principal 8' im Prospekt

14. **Altenhagen**
    Entwurf für eine einmanualige Orgel

15. **Geversdorf** und **Altenhagen**
    Konstruktionszeichnungen

13. Geversdorf

16. Altenhagen
    1844−21/II + P
    Principal 8' im Prospekt

17. Dassel
    Korrespondenz zum Neubau

18. Dassel
    Disposition

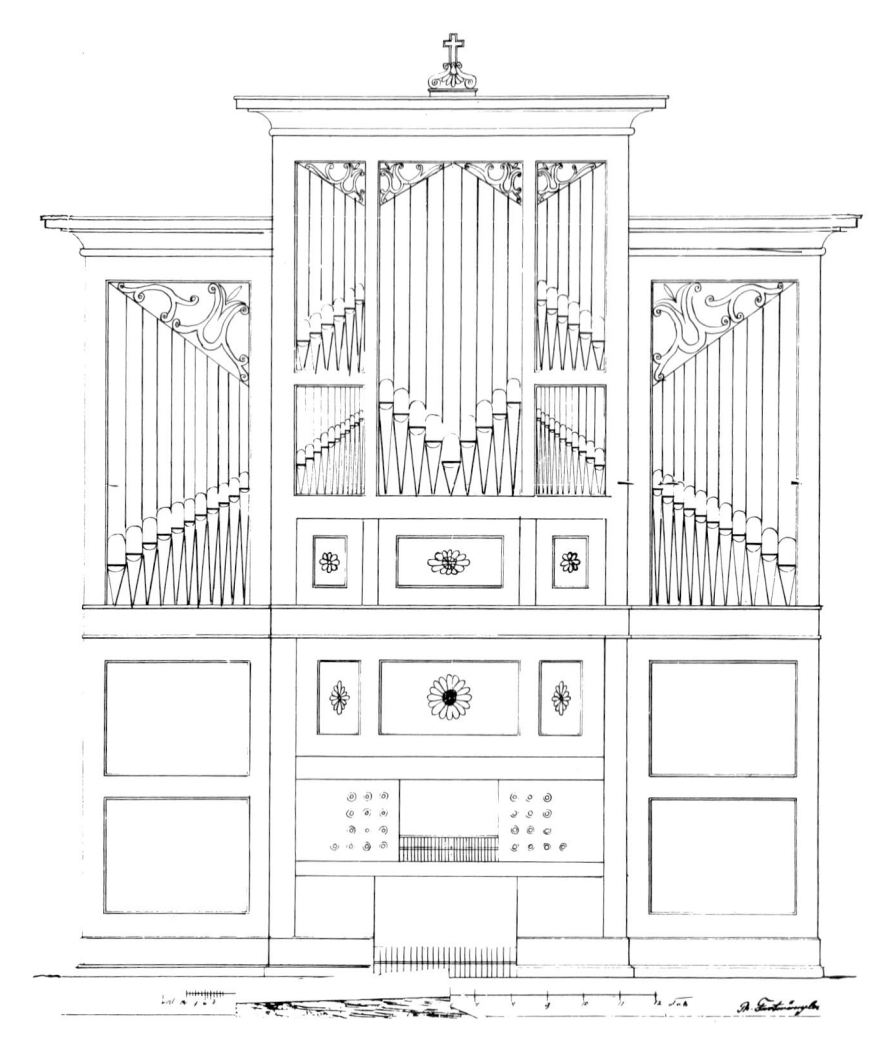

19. **Gross Solschen**

Prospektentwurf um 1842

Dieser Entwurf ist weitgehend identisch mit dem Neubau in
Dassel
1845−24/II + P
Principal 8′ (HW) und
Principal 8′ (Ped) im Prospekt

20. **Hohnsen**
1847 – 11/I + P
Principal 4' im Prospekt
(Vgl. Hachmühlen, Nr. 7)

21. **Bredelem**
1848 – 17/II + P
Principal 8' im Prospekt
(Vgl. Altenhagen, Nr. 16)

22. **Krautsand**
 1849−15/II + P
 Principal 8′ im Prospekt
 (Vgl. Geversdorf, Nr. 13)

23. **Frenke**
 1853−8/I + P
 Principal 4′ im Prospekt

24. **Benstorf**
 1856−10/I + P
 Principal 8′ im Prospekt
 Neuromanische Ausprägung des
 Gehäusetyps von Altenhagen
 (Vgl. Nr. 16)

25. **Asendorf**
    1864–20/II + P
    Principal 8' im Prospekt
    Neugotische Ausprägung
    des Gehäusetyps
    Geversdorf, (Vgl. Nr. 13)

26. **Elze**
    Orgel von Conrad Euler, Gottsbüren
    1827–21/II + P
    Vorbild für einige Gehäuse nach 1848

27. **Deinsen**
    1848−10/I + P
    Principal 8′ im Prospekt

28. **Luthe**
    1849−11/II + P
    Principal 8′ im Prospekt

29. **Hoyershausen**
    1851−14/I + P
    Principal 8′ im Prospekt

30. **Lüthorst**
    1850−17/II + P
    Principal 8′ (HW) und
    Principalbaß (PED)
    (äußere Seitenfelder)
    im Prospekt

31. **Entwurf für Groß Solschen**
    um 1853
    Vorbild für einige Gehäuse nach 1854
    Zeichnung vermutlich von
    Wilhelm Furtwängler
    (ältester Sohn von Philipp Furtwängler)

32. **Eldagsen**
1854 – 23/II + P

33. **Schulenburg**
1858 – 22/II + P
Neugotische Ausprägung
des Gehäusetyps Eldagsen

34. **Gronau**
1859 – 60 – 57/III + P
Entwurf von Wilhelm Furtwängler

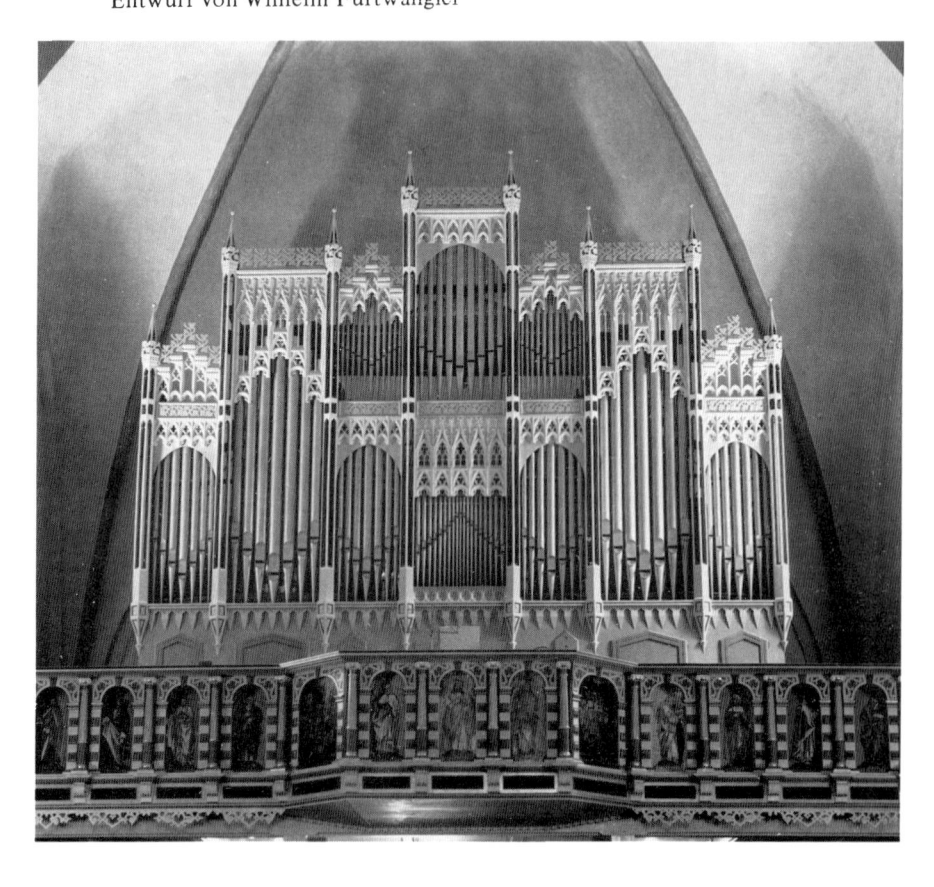

35. **Varel**
1861 – 40/II + P
Entwurf von Wilhelm Furtwängler

36. **Arbergen**
1868, Entwurf von
Wilhelm Furtwängler

37. **Nordstemmen**
 1865−23/II + P

38. **Triberg**
 1865−31/III + P
 (Vgl. Nordstemmen, Nr. 37)

39. **Sudheim**
 1864−15/II + P

40. Bevensen
1866−21/II + P

Bildnachweis

Fotos
(D — Dokumentenausstellung S. 115ff)

Jürgen Huck, Köln D 3
Laurent Jospin, La Chaux-de-Fonds 55
Jürgensen, Lauffen 18, 19, 25
Uwe Pape, Berlin 9–11, 16, 21, 22, 24,
 26, 33–36, 53, 54, 56, D 6, D 11,
 D 13, D 19, D 21, D 24, D 25, D 30,
 D 31, D 35, D 36, D 39, D 40
Schulze, Springe 20, D 7
Gabriele Waldmann, Göttingen 27–32

Zeichnungen

John F. Brennan, Oxford: 1–8, 12–15,
 17, 37–52
Töpfer: Lehrbuch der Orgelbaukunst,
 1855, Tafel IX 23

Personenverzeichnis

Adelung, Wolfgang 1

Bachmann, Siegmund Sixt 22
Baethmann, W.H. 24, 58
Beckerath, Rudolf von 2
Böhm, Georg 22
Brahms, Johannes 17, 20, 22
Brunnert, Reinhold 1, 2, 14, 17
Buxtehude, Dietrich 45

Cherubini, Luigi 17

Drömann, Wilhelm 109

Eickhoff, Christian 1, 37, 58, 113
Engelhardt, Gustav 31, 68, 87
Engelhardt, Johann Andreas 2, 16, 17, 31, 32, 34, 35, 57, 68–71, 73, 87–93
Euler, Conrad 3, 21, 33, 94, 109–112
Euler, Familie 33, 42
Euler, Friedrich W. 33
Euler, Gebr. 33
Euler, Heinrich 33

Faber 109, 111
Frerichs, Albrecht 1
Fricke, Gerlinde 21
Führer, Alfred 105
Furtwängler, Philipp 1, 2, 3, 6, 9, 13, 14, 19, 21, 23, 25–31, 35, 37–39, 42, 45, 49–52, 56–59, 61–68, 72, 73–77, 95–103, 105–106, 109, 112, 115–129
Furtwängler, Pius 31
Furtwängler, Wilhelm 31
Furtwängler & Söhne, Ph. 3, 22, 31
Furtwangler & Hammer 87, 93, 109, 111

Georg V. 22, 113
Giesecke, Carl 2, 31, 34, 35, 73, 79–86

Haase, C.W. 21, 113
Hammer, Adolf 31, 38
Hammer, Emil 3, 38, 42
Hammer, Walter 38
Haspelmath, Martin 1, 2, 13, 20, 73, 79, 105, 111
Heeren, Stephan 33
Henking, Arwed 1, 2, 3, 8, 10, 11, 20
Hoffmann, Luwig 1, 3, 21, 109

Jäger, Eberhard 58
Janke, Rudolf 1, 2, 87, 105
Jendis, Hans 93

Knecht, Justin Heinrich 11
Kuhlmann 33

Landmann, Arno 17
Lindrum, Titus 68, 71–72

Mahrenholz, Christhard 109
Marie von Hannover 22
Mendelssohn-Bartholdy, Felix 11, 17
Meyer, Eduard W. 25, 34, 35, 57, 58, 105
Müller, Familie (Hildesheim) 31
Muffat, Georg 8, 11

Niemeyer 1

Oppler 113
Ott, Paul 2, 13, 73–77, 87

Pachelbel, Johann 8, 10
Pape, Uwe 1, 2, 20, 23, 37, 58–59, 61, 95
Paschen, Hinrich Otto 58, 106

Reger, Max 45
Rensch, Richard 106
Reubke, Julius 35
Rödiger 115
Röver, Familie 34
Röver, Heinrich 35
Röver, Johann Hinrich 35

Schaper, August 31
Schaper, Familie (Hildesheim) 31, 58
Schaper, Heinrich 31
Schild, Fritz 105
Schmidt, Familie (Oldenburg) 35
Schneider, Conrad Michael 11
Schnitger, Arp 42, 45, 57
Schütz, Karl 59
Schulze, Friedrich 31, 86
Schumann, Robert 17
Sweelinck, J.P. 45

Tappe, Familie (Verden) 36
Töpfer, J.G. 31, 55, 56

Utermöhlen, Rudolf 13

Vater, Christian 24, 79
Vieth 33

Walther, Johann Gottfried 21
Werder 33
Wilhelmi, Georg Wilhelm 28, 33, 34, 35
Winter, Helmut 1, 23, 41, 58–59, 74, 93
Witzmann 36

Ortsverzeichnis

Adensen 27, 28, 29, 103
Aerzen 30
Ahlum 32, 70
Altencelle 29, 102
Altenhagen 1, 5, 9–11, 27, 28, 40, 41, 43, 47–50, 52–54, 56, 60, 62, 98, 118, 119
Amelsen 27, 28, 96, 116
Apelern 29
Apensen 29, 58, 98
Arbergen 127
Asendorf 30, 102, 123

Badenhausen 32, 68
Banteln 28
Bardowick 26, 27, 30
Barnten 30
Barsinghausen 25
Beber 27, 28, 97, 115
Beedenbostel 29, 103
Belum 26, 27, 28
Benstorf 29, 102
Bergen /D. 25
Bettmar 71
Beuchte 32
Bevenrode 70
Bevensen 26, 30, 129
Bienenbüttel 29
Blender 26, 27, 29, 101
Bockenem 32
Börnecke 32
Börßum 32
Borstel 26, 27, 28
Bortfeld 32, 69
Brake 26, 30
Braunschweig, Land/Herzogtum 23, 24
Braunschweig-Wolfenbüttel, Landeskirche 23
Bredelem 27, 28, 98, 121
Bremen 24
Bremerhaven, Unierte Kirche 26, 27, 29
Brüggen 29
Bücken 25
Burgdorf 29
Buxtehude 26, 27, 29, 43, 57, 58

Cappel 33, 57
Celle, Alte Garnisonskirche 25
Celle, Ludwigskirche 25
Celle, Stadtkirche 25
Cloppenburg 23

Dannenberg 24
Dassel 2, 12, 13–15, 27, 28, 62, 73–77, 79, 99, 119, 20
Deinsen 1, 5, 6–8, 27, 28, 37–39, 101, 124
Didderse 25
Drakenburg 25
Drennhausen 25
Duderstadt 32

Eddesse 25
Edemissen 26, 27, 29
Edestorf 30
Eime 27, 28, 30
Einbeck, Marktkirche 31
Eisdorf 32
Eldagsen 29, 103, 126
Eldingen 25
Elmlohe 33
Elsdorf 29, 102
Elze 1, 3, 5, 26, 27, 28, 94, 115, 123
Emsland 23
Esbeck 30
Eschede 25

Freiburg/Elbe 33
Frenke 27, 29, 96, 122
Fulda, Bistum 23

Garlstorf 29, 103
Geismar 26, 30
Geversdorf 1, 26, 27, 28, 41, 43, 46, 52, 54, 56, 58–59, 62, 117, 118, 119
Gielde 32
Gladebeck 32, 70, 76
Göttingen 24
Goslar 23, 32
Gottsbüren 110
Gronau, ev. Kirche 3, 18, 19–20, 27, 28, 29, 57, 95, 105–106, 126
Gronau, kath. Kirche 30
Groß Flöthe 70
Groß Lafferde (siehe Lafferde)
Groß Solschen (siehe Solschen)
Grünendeich 26, 27, 29
Gütenbach 25, 27, 29

Hachmühlen 27, 28, 97, 117
Hamburg 24.

Hamburg, St.-Anschari-Kapelle 30
Hamburg, Irrenanstalt 30
Hamburg, St. Nikolai 26, 27, 30
Hameln 110
Hamelwöhrden 33
Handorf 25
Hankensbüttel 29, 102
Hannover 23, 24
Hannover, Landeskirche 23, 41
Hannover, Marktkirche 25
Hannover, Schloßkirche 25
Harburg 25
Heisede 30
Herrhausen 32, 69
Herzberg 2, 12, 16–17, 32
Hildesheim 24
Hildesheim, Bistum 23
Hildesheim, St. Andreas 2
Hildesheim, St.-Andreas-Gemeindehaus 1, 2, 3
Hildesheim-Marienburg 23
Himbergen 30, 102
Hötzum 32, 69
Hof/Kassel 111
Hohnsen 27, 28, 97, 121
Hollern 29, 33
Hoyerhagen 29, 101
Hoyershausen 27, 28, 29, 77, 101, 124
Hülsede 27, 28, 98
Hüpede 58
Hüttenrode 70
Hunzen 29

Immenrode 69
Intschede 25

Jeinsen 58
Jerstedt 69

Kehdingbruch 33
Kirchboitzen 30
Kirchwehren 24
Kolenfeld 25
Krautsand 26, 27, 28, 122

Lafferde (Groß Lafferde) 62, 71, 117
Langlingen 26, 27, 29, 102
Lehe 29
Leiferde/Gifhorn 25
Lerbach 32
Lilienthal 35
Loxstedt 36
Lucklum 70
Lüthorst 27, 28, 29, 58, 59, 101, 124

Luthe 26, 27, 28, 101, 124

Marienburg 3, 18, 22, 113–114
Marienhagen 29, 37–38, 102
Mascherode 32, 68
Meerdorf 71
Mehle 3, 18, 19, 108–112
Meine 29, 103
Mittelnkirchen 26, 27, 28
Moringen 2, 12, 15, 73, 78–86
Müden 25
Münder (Bad Münder) 27, 28, 100
Münster, Bistum 23

Neuenfelde 33
Neuenkirchen 30, 33, 102
Niedersachsen 23
Nordstemmen 30, 95, 128

Oberg 72
Oerel 33
Oker 32
Oldenburg, Land 23, 24
Osnabrück, Bistum 23
Ostfriesland 23

Paderborn, Bistum 23
Pattensen 35
Poppenburg 29
Preußen 23
Pyrmont, Grafschaft 23

Rätzlingen 25
Rheden 29
Riede 27, 29
Rohringen 33
Rotenburg/Hannover 26, 30

Salzdahlum 70
Salzhemmendorf 109
St. Andreasberg 32
St. Dionys 30
Sarstedt 30
Schaumburg, Grafschaft 23, 24
Schaumburg-Lippe 23, 24
Scheeßel 30
Schönhagen 25
Schulenburg 27, 29, 102, 126
Sickte 32, 68
Sieber 32, 69
Sittensen 30
Solschen (Groß Solschen) 26, 29, 103, 120,
Springe 25

Stade, St. Cosmas und Damian 33
Stade, St. Nikolai 33
Stederdorf 25
Steinau 33, 34
Steinkirchen 26, 27, 28
Suderbruch 29, 52, 77, 101
Sudheim 26, 30, 128

Triberg 27, 30, 95, 128
Tündern 28
Twielenfleth 30, 31, 102

Uelzen, Marienkirche 26, 30
Untereichsfeld 23
Upen 27, 28, 32

Vahlbruch 29, 30
Vallstedt 32
Varel 26, 27, 29, 95, 126
Verden, St. Johannis 30

Wahmbeck 110
Wahrenholz 25
Walsrode, Stadtkirche 25
Wedel 26, 27, 29
Westerode 32, 68
Westfalen 23
Wittenburg 27, 28, 97
Woltorf 71
Wülfingen 27, 28, 29, 30
Wunstorf, Stifstkirche 25

York 33